4

<u>Mahatma Gandhi:</u>
***De waarheid schaadt nooit een zaak die
rechtvaardig is***

Kwantum Transactionele Analyse & het beheren van de Schaduw

Een esoterische kijk op vrijzinnigheid vs. de collectieve "denk niet" & "weet niet" t.g.v. massamanipulaties en mind controle

Door Anne Wuyts

www.annewuyts.be

2017

Dit boek is uitgegeven in eigen beheer. Bij het printen op vraag is de verleiding groot om aan de inhoud te prutsen, een schrijffout te verbeteren, een zinsconstructie te herzien of de lay out te herbekijken. De omslag van het boek is ook al enkele malen herwerkt. De essentie van de inhoud blijft steeds bewaard.

Het is je toegestaan om de nieuwe concepten (kwantum transactionele analyse) uit deze uitgave te citeren en te verwerken in je eigen werk. Je dient me dan wel te vernoemen. Dat streelt mijn ego. Uiteindelijk weet ik dat deze concepten me gegeven werden door het Veld. Ze zijn mijn eigendom niet. Eigenlijk is dit boek van iedereen. Daarom nodig ik je uit om verder te bouwen op mijn werk, zoals ik verder bouw op de werken van mijn voorgangers.

Omslag: muurschildering met Biofa natuurverf in traphal met als titel: "Heer Michael temt de draak", 2013

Voorwoord

Kwantum transactionele analyse is een samengaan van transactionele analyse en iatrosofie. Iatrosofie is een integratie van de alchemie van Paraselsus, Steiner 's antroposofische leerstellingen, de Hahnemannse principes van genezing via gelijksoortigheid en de Jungiaanse analytische psychologie. Gedurende tientallen jaren volgde ik de iatrosofische lezingen alsook de opleidingen in transactionele analyse. De materie heb ik volledig geïntegreerd en maakt deel uit van mijn genen, mijn lijf en mijn leven. Ondertussen heb ik me gedistantieerd van de iatrosofische scholingen en bijeenkomsten omdat de schaduw van de desbetreffende goeroes me te gortig werd. Toch ben ik er nooit in geslaagd om me op een assertieve manier uit te drukken en te zeggen wat me op het hart lag. Ik toefde er vooral in mijn bange, laffe en onderworpen Kind. Ik liet me kleineren en geld afhandig maken. Op een dag heb ik mijn jas aangetrokken en zonder een woord te zeggen ben ik weg gegaan om nooit meer terug gekomen. De studies zette ik als autodidact zelf, in mijn eentje verder.

Ook de kringen die zich met transactionele analyse bezig houden kunnen me niet langer boeien. Het wordt een eindeloos doorbomen over steeds weer hetzelfde. Het schiet niet op. Het gaat niet vooruit. Mijn vroegere medestudenten en collega's voelen zich niet aangesproken door wat ik te bieden heb. De teleurstelling en het gebrek aan erkenning maakte me agressief en bot. Ik voelde me verraden en ben er dan ook voor goed vertrokken.

Ondertussen weet ik dat wat ik aan kennis en ervaringen heb vergaard prima werken in gesprekken met klanten die hulp zoeken in hun ontwikkelingsweg. Zij worden enthousiast van de referentiekaders die ik aanbied en ze voelen zich snel zelfstandiger en krachtiger worden.

Daarom heb ik besloten om mijn bevindingen neer te schrijven in een aantal boeken. Deze boeken worden als werkboeken door mijn klanten verslonden. Het schrijven werkt inspirerend voor mezelf. Ik word erg blij als ik in een soort van meditatieve toestand, van het ene boek naar het andere gedreven word. Op de boekenplank ontdek ik werkjes die ik nog nooit eerder ter hand nam. Ik zoek zaken op via het internet en bestel af en toe een boek wat nog niet in mijn bezit is. De tijd vliegt voorbij. Dit boek schrijven bracht me vanuit mijn luie stoel weerom tal van avonturen, nieuwe inzichten en verdiepingen. Het was alsof Steiner, Hahnemann en Berne afwisselend op mijn schouder plaatsnamen

en me de woorden influisterden. Ik voelde me omringd door intelligenties, terwijl ik in de stille, contemplatieve ruimte van mijn bureau de confrontatie met mezelf aanging en verder werkte aan de grote synthese van mijn doorleefde ervaringen en opgedane kennis. Het resultaat wil ik in deze graag met je delen.

Tot slot wil ik al mijn leraren bedanken voor de weg die ze me toonden in de doolhof van aangeboden kennis en boeken. Ook mijn leerlingen, therapieklanten, coachees en trainees ben ik erkentelijk uit de diepten van mijn ziel want ook zij, met hun verhalen, ervaringen en vragen brachten me nader tot de inzichten die ik nu heb.

Weet

Gij zult niet weten
Zeggen de antikrachten
Van de nieuwe wereldorde
Gij zult niet weten
Hoe wij besmet met Anunaki-genen
Uw nieuwe heersers zijn geworden

Gij zult niet weten
Want duistere nachten
Spreidden wij over
Uw onbewuste
Slapende geesten henen

Gij zult niet weten
Hoe wij in het geheim
Samenzweren
Tegen de mensheid
En zijn aarde
Die wij als paradijselijk
Ervaren
En beroven
En verkrachten
En ons tot onze
Meerdere eer en glorie
Eigen maken

Gij zult niet weten
Zeggen de Nefilim
Uit de vierde dimensie
Dat wij in deze duistere nacht
Die u alles doet vergeten
Grijpen naar de macht
Zodat we u kunnen blijven verdoven
Zodat wij u kunnen blijven beroven
Gij zult niet weten
Zeggen de antihiërarchieën

Uit de duisternis
Gij zult niet weten
Zeggen de antigoden
Lucifer en Ahriman
En Sorat en de Azhura's

Gij zult niet weten
Dat wij u proefbuisbaby's
Geven en klonen
Zodat wij zelf in levenden lijve
Kunnen infiltreren
In jullie mensenwereld

Gij zult niet weten
Hoe wij uw ongeboren
Kinderen manipuleren
En hun groei verstoren
Door te echograferen
Zo moeten ze zich
Te vroeg manifesteren
Zodat ze later vergeten
Wie ze werkelijk zijn
En wat ze echt komen doen

Gij zult niet weten
Dat wij in feite
Artsen opleiden
Die uw kinderen
Zo jong en broos
Liefdeloos
Laten geboren worden
Gij zult niet weten
Dat wij verwoed
Uw baby's inenten
En medicatie geven
En zo voor goed
Hun tere lijfjes schenden

Gij zult niet weten
Hoe we u willen robotiseren
Via het inplanten
Van een nano-chip
Gij zult niet weten
Hoe we uw bewustzijn
Als paranoia bagatelliseren

Gij zult niet weten
Dat wij uw kinderen
Naar scholen zenden
Waar ze onzin leren
En leugens
Onder het mom van wetenschap
Gij zult niet weten
Dat wij die wetenschap beheren
Cartesianisme
Darwinisme
Rationalisme
Doden de pure spiritualiteit
En de groei van de mensheid
Als collectiviteit

Gij zult niet weten
Zegt de antihiërarchie
Hoe we uw denken bezitten
Gij zult niet weten
Hoe we u verhinderen
Om uw ware talenten te ontwikkelen
En aan de wereld te schenken
En de mensheid echt te dienen

Gij zult niet weten
Hoe we u bang krijgen
Zodat u in uw zoektocht
Naar veiligheid
Onze banken doet floreren
En onze verzekeringen

En onze farmaceutische bedrijven

Gij zult niet weten
Hoe we u tot slaaf maken
In loondienst
Van een vervuilende industrie
In een op armoede-bewustzijn
Drijvende economie

Gij zult niet weten
Hoe we u medeplichtig maken
Aan de vervuiling van uw planeet
Terwijl je vlucht in consumptiegedrag
En vergeet

Gij zult niet weten
Hoe we u vervolgens
Nog banger maken
Via uw krant en uw TV
Met zijn onheilsberichten
Zijn ongelukken en zijn rampen
Die we extra gaan belichten

Gij zult niet weten
Hoe we u blameren
Voor alles wat er mis
Gaat in uw wereld

Gij zult niet weten
Hoe wij infiltreren
In alle geledingen
Van uw maatschappij
Jij, vriendelijke
En naïeve aardlingen

Gij zult niet weten

Hoe wij ons
Als tegenkrachten weren
En trachten te voorkomen
Dat de mensheid als collectief
Zijn wereldscript herschrijft
En vervolgens via het principe
Van de honderdste aap
Zijn kwantumsprong maakt
Naar de volgende frequentie
In die hogere dimensie
Waar het Christusbewustzijn waakt

Gij zult niet weten
Zeggen de antihiërarchieën
Hoe wij het collectieve
Onbewuste manipuleren
En vervuilen en verzieken
Met armoede en met angst
Met onze starre bureaucratieën
En met onze amorele wetenschap
Met onze legers en ons geweld
Wetende dat we ondanks
Al onze rijkdom en al ons geld
Deze strijd in de materie
Van de derde dimensie
Op de lange duur
Toch zullen verliezen
Omdat via bewuste imaginatie
En positieve intentie
En spirituele gebeden
Die strijd nu ook
In het kwantumveld
Van hogere dimensies
Wordt gestreden

Want alleen een bewuste individualiteit
Kan in liefde en in vrijheid
Zijn weg naar universele waarheid gaan

Waar liefde is, is geen angst
En daar stopt de almacht
Van de duistere tegenkracht
Daar stopt de macht
Van de antihiërarchie
Uit die vierde dimensie
Daar stopt de macht
Van Sorat en van Ahriman
Uit het astrale veld
Waar archetypen heersen
Die de nieuwe wereldorde
Doen floreren
Bestaande uit antimensen
Besmet met Anunaki-genen
Daar stopt de macht
Van de dogmatische bureaucratie
Daar stopt de macht
Van de amorele wetenschap
Die versplintert en verdeelt

Gij zult niet weten
Kraaien de antikrachten
En ze houden krampachtig
De wereld in hun greep

Gij zult niet denken
Schreeuwen de antihiërarchieën
En ze schenken
Ons een mechanische wetenschap
Die genen manipuleert
En wapens produceert

Gij zult niet voelen
Roept de antihiërarchie
Want voelen is ons vreemd
Wij zijn wars van empathie
Wij laten mensen bloeden

En kijken met verbazing toe

Gij zult niet succesvol zijn
Vloeken de antigoden
Vanuit de lagere astraliteit
En ze zaaien armoede
En angst en oorlogen
En hongersnood
En storten de mensen
In diepe wanhoop

En wanneer de mensheid
Zich ondergedompeld ziet
In een onmetelijke oceaan
Van gezamenlijk falen
Wanneer de mensheid
De bodem raakt
Van het collectief failliet
En vluchten in verslaving
Aan materie geen
Enkele uitkomst meer biedt
Wanneer alle dromen
Voor een betere toekomst
Zijn verloren
En de mensheid verzuipt
In een zee van absurditeit
Wanneer de mensheid
Als geheel een collectieve
Depressie ervaart
En dan uiteindelijk
Gezamenlijk
"Wir haben es nicht gewusst"
Als de eerste fase
Van de rouw ontwaart
Dan kan zij als collectief
Het rouwproces
Als metamorfose ondergaan
In deze alles verwoestende

Apocalyptische hellegang
Waar wijze individualiteiten
Ons zijn voorgegaan
Meesters en profeten en helers
Leren dat al het weten
Aanwezig is in het cel-geheugen
Van alle cellen in ons eigen lijf
En dat daar
Geen enkele leugen beklijft
Want ja
Wij dragen de Akasha-kronieken
In onze eigenste DNA
De echte wereldhistorieken
Zitten in onze genen geweven
Daar staat de ware Geschiedenis
Voor eens en voor altijd geschreven

Een nieuw bewustzijn kan ontwaken
Wanneer dit "weten" onze harten gaat raken

Na de lectuur van dit boek kan je nooit meer zeggen: "Ich habe es nicht gewusst"!

Inhoud

Inleiding

In wat voor wereld leven we toch!!! Dat is wat veel mensen denken en zelfs hardop zeggen. Geweeklaag alom. Je hoeft de krant maar open te slaan, het nieuws op te zetten of te luisteren naar de verhalen van de man in de straat en je wordt overspoeld met de absurditeit van het dagdagelijse leven. Elke dag worden we ondergedompeld in een bad van terreur, oorlog, armoede, racisme, pesterijen, politieke schandalen, diefstal en wapengekletter. Hevige emoties van onmacht, woede, slachtofferdom, haat en nijd worden constant de kosmos ingestuurd. Tot overmaat van ramp doet Moeder Aarde er nog een schepje bovenop met aardbevingen, orkanen, overstromingen en bosbranden. Waar komt dat Kwaad vandaan? Wat is de functie van het Kwaad en hoe gaan we ermee om? Dat is het thema van dit boek: Het Kwaad, vriend of vijand? En wie is de drager van dat Kwaad? Ik? Of die Ander?

In 1963 deed Milgram, die geschokt was door de wreedheden van de tweede wereldoorlog, aan de Yale University een aantal experimenten in verband met gehoorzaamheid aan een autoriteit (bevel is bevel). Zijn verbijsterende conclusie was dat gemiddeld 43% van de proefpersonen (gewone burgers) bereid waren om te doden, alhoewel ze er zich erg ongemakkelijk bij voelden. Slecht 57% was ongehoorzaam en volgde zijn geweten. Dit experiment toont eveneens dat het geloof in de wetenschap en zijn vertegenwoordigers, niet te onderschatten is. De verschillende experimenten gingen ongeveer als volgt. Betaalde proefpersonen worden wijs gemaakt dat ze deelnemen aan een experiment in verband met het verbeteren van het geheugen. De zogenaamde proefpersoon is een acteur die in de kamer ernaast zit en woordenlijsten van buiten moet leren. De geleerde in de witte jas is eveneens een acteur. Telkens de zogenaamde proefpersoon een fout maakt, moet de echte proefpersoon hem van de "geleerde in de witte jas" een elektrische schok toedienen. Hij wordt aangemoedigd om steeds hogere schokken te geven, terwijl ze hem ervan overtuigen dat, mocht er toch iets misgaan, de verantwoordelijkheid volledig bij het wetenschappelijk team van psychologen ligt. Telkens er een hogere schok wordt toegediend gaat de acteur in de kamer ernaast harder jammeren en smeken om ermee op te houden. Soms werd er in de kamer ernaast enkel een geluidstape met geweeklaag afgespeeld. Maar voor de proefpersoon is het natuurlijk net echt. Bij sommige experimenten gingen meer dan 50% van de proefpersonen door met het geven van schokken tot 450 volt, waarvan iedereen weet dat die dodelijk zijn. Dit experiment werd in 2015 verfilmd onder de titel "Experimenter". Op You Tube kan je een kort filmpje van 2.17 minuten bekijken. Het is in zwart-wit en werd opgenomen tijdens de experimenten in 1963.

In 1971 werd in de kelders van de universiteit van Stanford het gevangenisexperiment uitgevoerd waarvan de resultaten eveneens verbijsterend waren. Vierentwintig doorsnee Amerikaanse studenten uit de middenklasse, werden willekeurig in twee groepen van twaalf verdeeld, de gevangenen en de bewakers. Ze kregen hun respectievelijke uniformen. De bewakers kregen de opdracht om de orde te bewaren, zonder geweld te gebruiken. Snel begonnen de studenten zich naar hun rol (uniform) te gedragen. De gevangenen werden onderdanig en de bewakers voelden zich geroepen tot machtsmisbruik. De agressie en het sadisme van de bewakers werd groter naarmate het experiment verder ging. Na zes dagen werd het onderzoek, dat veertien dagen had moeten duren, stop gezet omdat de martelingen en de vernederingen de spuigaten uitliepen.

Na de wereldschokkende beelden van het machtsmisbruik door gewone Amerikaanse soldaten, in de Abu Ghraib- gevangenis te Bagdad (Irak) werd de wereld opnieuw herinnerd aan vorige twee experimenten, die blijken aan te tonen dat het Kwaad aanwezig is in elk van ons. En als de omstandigheden gunstig zijn, komt dat Kwaad er vanzelf uit en laat zich in al zijn lelijkheid zien.

Hannah Arendt (1906-1975) is een Duits-Joodse filosofe en politiek denker die zich vragen stelde over het functioneren van totalitaire politieke systemen. Ze deed onder andere verslag van het tribunaal tegen Eichmann, die een hoofdrol speelde in Hitler 's Endlösungs-programma. Wat ze daar zag was geen afschuwelijk monster maar een alledaags persoontje zonder enige betekenis. Hij was een totaal onbelangrijk bureaukraatje, een onderdeeltje in een reusachtig, opgesplitste machinerie, waar ieder ambtenaartje zijn specifieke taak uitvoerde. Op het einde vermoordden ze zes miljoen onschuldige mensen. Haar conclusie is dan ook dat het niet de aanwezigheid van kwade bedoelingen is, maar de afwezigheid van een kritisch denkvermogen (denk niet) en de kritiekloze opvolging van bevelen die maken dat zoveel Joden het leven lieten in de structurele afslachtingspolitiek van de nazi's. Het Kwaad zegt ze is niet radicaal, maar banaal.

Aan de andere kant is het hartverwarmend dat er mensen zijn zoals Edward Snowden. Hij werkte tien jaar als contractor voor verschillende "veiligheidsdiensten" in de USA, zoals de CIA en de NSA. En toen hij merkte dat in het geheim en op grote schaal de privacy van burgers over de hele wereld geschonden werd, liet hij zijn geweten spreken en onthulde hij een ongekend aantal geheime documenten aan de pers. Dat deed hij in 2013 en sindsdien leeft hij in ballingschap te Moskou. De Amerikaanse ambtenaren erkennen hem niet als een patriot of een klokkenluider. Voor hen is hij een crimineel die op grond van de spionagewet tegen dertig jaar gevangenisstraf aankijkt. Snowden heeft geen centimeter spijt van wat hij deed en van wat hij zijn missie noemt. 'Juist' en 'verkeerd', zegt hij zijn begrippen die totaal los staan van concepten als 'legaal' en 'illegaal'. Privacy is een basisrecht, zoals vrije meningsuiting en vrijheid van religie. En zeggen dat massatoezicht op burgers moet kunnen omdat je toch niets te verbergen hebt is volgens hem hetzelfde als zeggen dat vrije meningsuiting niet noodzakelijk is omdat je toch niets te zeggen hebt. Hij ziet zichzelf als een beschermer van universele vrijheden. Hij verwijst naar artikel 12 van de Universele Verklaring Van De Rechten Van De Mens. En bovendien, zegt hij, heeft tot hiertoe niemand kunnen aantonen dat er buiten het belachelijk maken van de CIA en de NSA, werkelijke schade is toegebracht.

Wat Snowden in 2013 via de pers aan de grote klok hing, was reeds uitvoerig beschreven in Marcel Messing 's boek "Worden Wij Wakker, over de verborgen krachten achter het wereldtoneel" (2006). Het is een boek vol bewijsmateriaal aangedikt met cijfers, data en schokkende feiten over verbanden tussen de politiekers en geheime genootschappen, wapenindustrie, farmacie en geheime diensten. Het gaat over een grootse samenzwering die op alle mogelijke manieren de spirituele evolutie van de mens naar individuatie en socialisatie wil tegenhouden. Tot het scenario horen totale controle, Big-Brother-technieken, implantatie van een nano-chip tijdens het inenten met allerlei vaccins en bewustzijnsmanipulatie. De tegenkrachten (gevallen engelen) van de Nieuwe Wereld Orde pogen op alle mogelijke manieren om de mens tot slaaf te maken. Alleen inzicht, bewustwording, licht en Liefde kunnen volgens Messing een tegengewicht vormen om de intenties van deze duistere krachten en de wereld-catastrofe die ze met zich willen brengen, af te wenden.

In 2006 werd WikiLeaks opgericht door wetenschappers, journalisten en dissidenten uit de verenigde Staten, Europa, Zuid-Afrika en Taiwan. Het gaat om een website waar klokkenluiers uit overheidsinstellingen en bedrijven anoniem documenten kunnen lekken om aldus misstanden uit het politieke en het economische leven, aan de kaak te stellen. Onder de vele informatie die er gepost werd, vinden we onder andere informatie en filmpjes over oorlogsmisdaden van de Amerikanen in Afghanistan en Irak, waaronder de mistoestanden in de Abu Ghraib-gevangenis. Toen WikiLeaks onder druk van de Amerikaanse overheid, onder vuur kwam te staan, sloten verschillende banken de rekeningen af waarop giften van sympathisanten werden gestort. Anonymous blokkeerde daarop de websites van deze banken. De anonieme hackers van Anonymous, beweren evenzeer de moraliteit aan hun kant te hebben. Volgens hun zeggen, vallen ze de vijanden van de vrije meningsuiting aan. Na de aanslagen op Charlie Hebdo en die op Parijs van november 2015, blokkeerden ze jihadistische websites en twitter-accounts. Ze zetten de ledenlijst van een club pedofielen in Nederland on line, publiceerden een videoboodschap die verwittigt tegen de misleidende macht van televisie en haalden de officiële Donald Trump-site een uur uit de lucht omdat ze tegen diens racistische campagne waren.

Ik denk dat het belangrijk is dat ieder voor zich uitmaakt waar de "waarheid" ligt en wie die "waarheid" voorschotelt. Het is dus ieders taak om de kennis des onderscheids te ontwikkelen. Zo kan je met je denken, voelen en intuïtie bepalen waar voor jou de feiten liggen. Verder kan je je referentiekaders en percepties groter maken door je te informeren en te delen. Ik denk ook dat het goed is om je eigen denken te ontwikkelen en erover na te denken of je je blind en in vertrouwen laat leiden door opgelegde richtlijnen wetten, regels en procedures of dat je luistert naar de stem van je eigen geweten.

Kwantum Transactionele Analyse

In mijn vorige boeken over kwantum transactionele analyse en in mijn website en blog, kan je lezen over hoe ik een eigen kennisleer heb ontwikkeld, die eerder Platonisch en dualistisch is. We leven in de zintuiglijke wereld van de derde dimensie, die bestaat uit materie en die we empirisch kunnen onderzoeken met onze zintuigen. Dat is dan ook wat de huidige materialistische wetenschap die versnippert en "denkt" vanuit de Cartesiaanse, Darwinistische, Baconiaanse paradigma's ons voorschrijft om te doen. Dat is wat we leren op scholen en universiteiten. Het geloof in een wetenschap zonder moraal floreert.

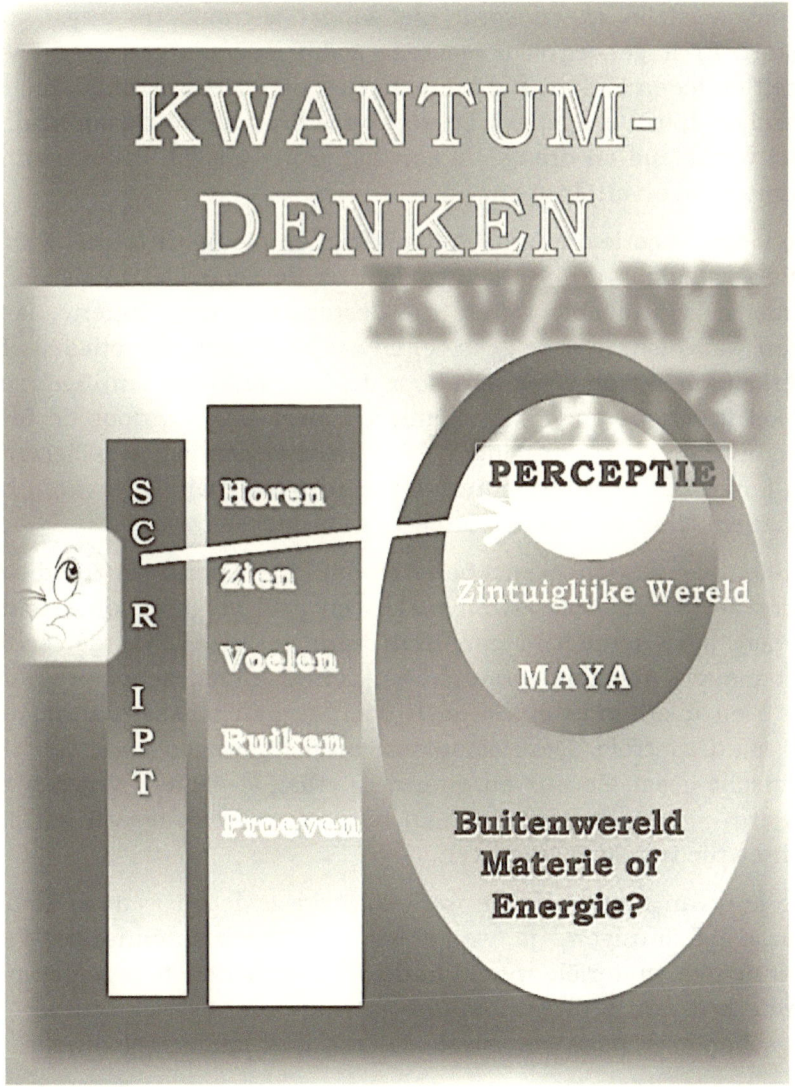

We leven nu in de overgangsfase naar een nieuw paradigma. De wereld evolueert van collectieve integratie naar collectieve individuatie. Individuatie veronderstelt een vrijzinnig denken dat gepaard gaat met moraliteit en empathie. Het gaat om een echt wetenschappelijk en holistisch denken dat zich dienend opstelt en uitvindingen doet die de mensheid vooruithelpen. Als de mensheid als geheel evolueert naar collectieve individuatie en socialisatie weigert iedereen om deel te nemen aan zaken als vervuilende productieprocessen die energie halen uit olie, roofbouw, uitbuiting, het maken van massavernietigingswapens, de productie van chemische brol zoals insecticiden en pesticiden en een ziekmakende en verdovende pillenindustrie. In deze samenleving bestaat geen privébezit. Het gaat om een maatschappij die drijft op welzijnsbewustzijn en er wordt niet langer gegraaid uit angst voor tekort. Er is genoeg voor iedereen zodat iedereen een goed leven heeft en iedereen kan zich ontwikkelen op fysiek, mentaal, emotioneel en spiritueel gebied. De economie drijft op duurzaamheid, is niet vervuilend en draagt bij aan het groter geheel. In afwachting kunnen we ervan dromen.

De kennistheorie die ik heb ontwikkeld en die hoort tot het kwantumparadigma van de Nieuwe Tijd, is de volgende. In de derde dimensie zintuiglijke wereld die bestaat uit ruwe materie, is er geen waarheid, zijn er geen feiten en is er geen objectiviteit. De werkelijkheid wordt gefilterd door de filter van onze zintuigen, die enkel functioneren in de chemische sfeer (3D) en door de filter van onze script-overtuigingen (4D). Mensen zien wat ze willen zien en horen wat ze willen horen. De wereld zoals wij die ervaren bestaat enkel uit percepties, projecties en interpretaties.

Samenzweerderstheoretici beweren dat er groeperingen zijn die de wereld willen beheersen en macht en geld vergaren door onder andere deze percepties naar hun hand te zetten. Via de media, het nieuws, reclame, praatshows, games, films, schoolprogramma's en allerhande opleidingen doen ze aan massa-manipulatie en mind-controle. Deze complottheoretici getuigen vaak van een kritische geest. Ze durven dingen in vraag te stellen. Vrij denken en vrij onderzoek liggen er aan de basis, alsook de wil om een echte vrije wereld te vrijwaren.

Als je ervan uitgaat dat je werkelijkheid gekleurd is door de bril van je vijf zintuigen – ja, we hebben slechts vijf antennes om deze zintuiglijke, materiële wereld in de derde dimensie te percipiëren – en de bril van je programmaties (script) dan is de objectieve wetenschap met haar empirisch denken niet langer geloofwaardig.

Vrijdenkers stellen alles in vraag: hun script, hun referentiekaders en alles wat ze in hun opvoeding, op school en in hun culturele tradities meekregen. Ze gaan uit van hun eigen ervaringen, voelen, intuïtie, inspiratie en (vrij)denken en ze toetsen hun opinies, overtuigingen en uitkomsten af aan andere, soms vreemde referentiekaders. Dat doen ze door naar anderen te luisteren, erover te lezen, naar voordrachten te gaan enz. Ze leren om een duaal bewustzijn te ontwikkelen zodat de boodschappen van de Kind-ego-staat onder de vorm van gevoelens geobserveerd en geïnterpreteerd worden door de Volwassen-ego-staat (je denken). Zo word je een toeschouwer en een neutrale observator die vanop een afstand waarneemt, vaststelt, zich inleeft en luistert naar zijn morele kompas. Je conclusies stem je af met anderen, terwijl je je eigen maatstaf blijft en uitgaat van je eigen normen en waardensysteem. De Categorische Imperatief van Kant kan je hierbij helpen: stel alleen die daden, die uitgaan van een norm waarvan je zou wensen dat het een algemene wet is. Of de Goddelijke stelregel: doe nooit aan een ander wat je niet zou wensen dat het jou wordt aangedaan. Je dient er wel voor op te passen dat je niet intervenieert in de vrijheid van iemand anders om zich op zijn eigen manier en op zijn eigen tempo te ontwikkelen. Sommige mensen moeten een aantal keren met hun hoofd tegen de muur lopen om wakker te worden, of tot op de bodem van de hel gaan in hun scrip transformerende hellevaart en niemand heeft het recht om daar in te grijpen of tussen te komen door het inschakelen van zijn Redder-ego-staat. Als er geen hulpvraag is doe je niets. Als er een hulpvraag is, blijf je bij jezelf en voel je wat volgens jou het beste is. In elk geval dient geven en nemen altijd in evenwicht te zijn. Mensen hebben weerstand onder de vorm van moeilijkheden en uitdagingen nodig om door te groeien naar meer verantwoordelijkheid, zelfstandigheid, maturiteit en vrijheid.

In mijn vorige werken over kwantum TA ga ik uitgebreid in op het concept van ego-toestanden (Ouder, Volwassene, Kind) en hoe je ze door script-transformerende processen kan laten evolueren naar de geïntegreerde Volwassene. Met script-transformatie bedoel ik dat je je eigen programmaties en referentiekaders, die bestaan uit je diepste – vaak onbewuste – overtuigingen over jezelf en de wereld in vraag stelt en vervangt door je eigen overtuigingen die je via vrij, fenomenologisch onderzoek hebt verworven. Therapie met kwantum-TA kan dit proces in goede banen leiden en zelfs versnellen. Script-transformatie en persoonlijke groei gebeurt steeds uit de comfort-zone en vaak in een pijnlijk rouwproces. Dit veronderstelt een goede dosis emotionele intelligentie.

Wat volgt is een afbeelding van de drie ego-toestanden. Gevolgd door een afbeelding van de geïntegreerde Volwassene. Meer info vindt je eveneens in heel wat boeken over TA en op internet. Je zou in een erkende TA school een 101 kunnen volgen waar je gedurende een weekend met alle concepten van TA kennis maakt.

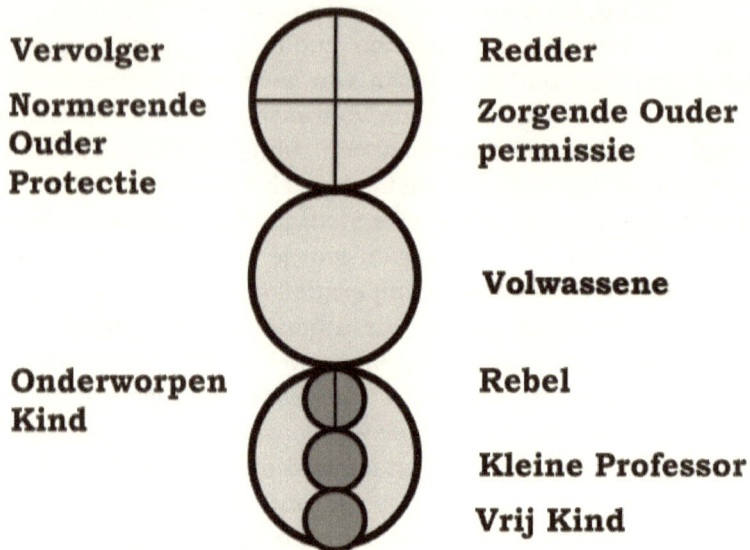

Vervolger

Normerende Ouder Protectie

Redder

Zorgende Ouder permissie

Volwassene

Onderworpen Kind

Rebel

Kleine Professor

Vrij Kind

Over de geïntegreerde Volwassene bestaat er in de TA-wereld veel onenigheid en discussie. Hier onder vind je mijn interpretatie.

ETHOS: moraliteit & empathie

LOGOS: De vrijdenker die aan fenomenologisch vrij onderzoek doet

PATHOS: emotionele intelligentie, intuïtie, inspiratie

Hier onder zie je een schets van de drie ego-toestanden in kwantum-TA en hun interactie met het veld of het Hoger Zelf.

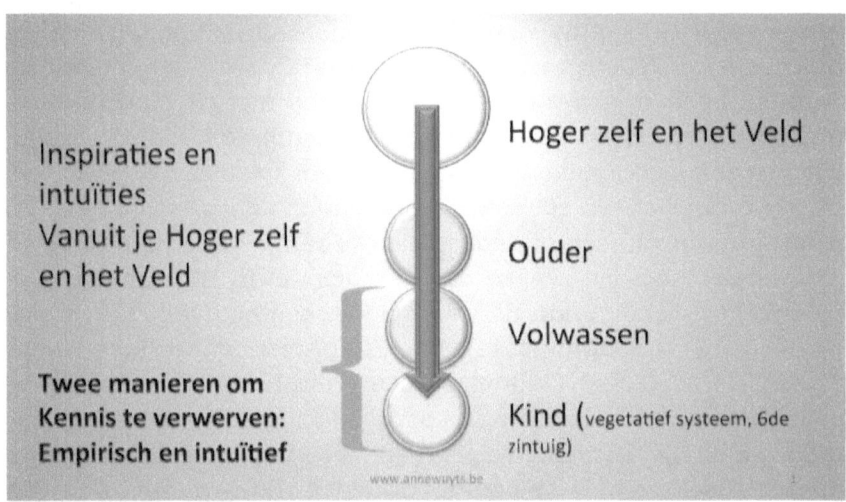

Het komt erop aan om een duaal bewustzijn te ontwikkelen, zodat je via rationeel denken, ervaring, waarneming en experimenten, dus empirisch (Volwassene) en via intuïtie (Kind) kennis kan vergaren, want de waarheid zit ergens in het midden tussen fictie en non-fictie. Denken we aan de film: "The man who knew infinity" (2015) met Jeremy Irons en Dev Patel in de hoofdrollen. Het gaat om het waar gebeurd verhaal van de Indiër Srinovasa Ramanujan (1887-1920), een autodidact en briljante wiskundige, die beweert zijn propositions door te krijgen van de godin Namagiri die hem in zijn dromen inspireert. Pas in de jaren tachtig en negentig van de vorige eeuw werden zijn aantekeningen geordend en bewezen. Je zou kunnen zeggen dat het Veld of zijn Hoger Ik hem de wiskundige stellingen influisterde. Hij wist het intuïtief. En hij wist dat het klopte. Hij was minder in staat om zijn stellingen empirisch en rationeel te bewijzen.

9/11

Op de nieuwsbeelden van elf september 2001 zagen we op T.V. een passagiersvliegtuig zich als boter door de zware metalen en betonnen constructies van Noordelijke WTC-toren boren. Twintig minuten later kregen we hetzelfde scenario met de Zuidelijke toren. We zagen een zware ontploffing binnenin de building gevolgd door torenhoge vlammen die naar buiten kwamen. Er was veel zwarte rook. Wat een spektakel! We dachten aanvankelijk aan een leuke trucage van één of andere nieuwe rampenfilm, totdat we de nieuwslezer hoorden zeggen dat dit allemaal ECHT was. De oorspronkelijke versie luidt als volgt. Op de ochtend van elf september vloog het gekaapte passagierstoestel American Airlines-vlucht 11 de Noordelijke WTC-toren op een grote hoogte binnen, bij de inslag was er een ontploffing waarna de toren in brand vloog omwille van de met kerosine volgetankte vliegtuigtanks. Bijna twintig minuten later, om 9.03 boorde United Airlines-vlucht 175 zich wat lager in de zuidelijke toren. Dan volgden de beelden waarbij de Twintowers als overmaat van ramp, als een kaartenhuisje in elkaar zakten. Dat was volgens de nieuwslezer te wijten aan de brand en dat kostte bijna drieduizend mensenlevens. De wereld verkeerde in schok. De Amerikanen beleefden een collectief trauma.

Maar hoe echt was het allemaal? Zou het kunnen dat er sprake was van een goed georkestreerde massa-manipulatie? Ging het over perceptie-deceptie? Was er sprake van mind-controle? Wat is het echte verhaal? Weldenkende mensen roken onraad en trokken op onderzoek. Complottheorieën ontsponnen zich. De waarheid achter de feiten is misschien nog schokkender.

Speurneus Dik Kok (pseudoniem) is één van de mensen die de voorgeschotelde feiten ongeloofwaardig vindt en zijn rationeel denkend verstand, via deductie op de beelden loslaat. Gedurende twee jaar onderzoekt hij de gebeurtenissen en zijn conclusie is dat normalerwijs een passagiersvliegtuig dat tegen een van staal en beton geconstrueerde wolkenkrabber aanvliegt in verschillende brokstukken moet neerstorten. Het zou dus niet om een passagiersvliegtuig gaan maar om een als vliegtuig vermomde kruisraket, of een drone die door een juist ervoor gelaserd gat in de vorm van een vliegtuig gaat en binnen in de toren ontploft. Bewijsmateriaal van zijn complottheorie kan je nalezen op internet en in zijn boek "9/11, de andere waarheid"

Vervolgens, ongeveer een uur later, zien we de torens als een plumpudding in elkaar zakken. Dat zou het gevolg zijn van de brand, veroorzaakt door de inslag van de vliegtuigen. Heb je de beelden gezien van de uitgebrande Grenfell woontoren te Londen? Deze bleef als een zwartgeblakerde ruïne rechtop staan. "Boze tongen" beweren dat de verticale collaps van de towers erop wijst dat ze vakkundig werden gedetoneerd. Dat is met explosieven, gecontroleerd neergehaald. Niet alleen de Twintowers, ook WTC-toren 7, een van staal en beton opgetrokken wolkenkrabber, die niet werd geraakt en een voetbalveld van de Twintowers verwijderd was, zakt twintig minuten later als een perfect voorbereide en gecontroleerde sloop in elkaar. In zeven seconden tijd ligt hij met de grond gelijk. Specialisten noemen dit een "smoking gun". Gebouw 7 huisvestte de CIA en de bewijzen van het zorgvuldig voorbereidde samenzwering werden aldus netjes opgeruimd. Tal van bewijzen van dit groots opgezet complot kan je legio vinden op internet. Boeken met bewijsmateriaal kan je gratis downloaden. In elk geval het financiële centrum van de wereld lag in as en een jaar later braken de beruchte bankcrises uit, die grote delen van de wereldeconomie infecteerden.

Drieëntachtig minuten later voltrekt de impact van Vlucht 77 zich in het Pentagon, nadat het over het meest beschermde luchtruim van de V.S. vloog. Weerom ontdekt men, met Jim Hofman op kop, veel haken en ogen aan de officiële verklaringen in de media. Er blijken geen wrakstukken van de Boeing 757 terug gevonden te zijn. In de gevel ontbreken de afdrukken van de uitstekende delen (vleugels met motoren), wat kritische geesten en hun complottheorieën doet beweren dat het weerom niet om een vliegtuig zou gaan maar om een cruise missile. De impact gebeurt in een juist gerenoveerd en extra versterkt gedeelte waar budget-analisten onderzoek deden naar de sporen van de 2,3 triljoen dollar die door Rumsfeld (minister van defensie) de dag ervoor op televisie als vermist waren opgegeven. Vierendertig van de vijfenveertig medewerkers verliezen het leven. En dan is er nog het verhaal van vlucht 93, die door heldhaftige passagiers werd verhinderd om zijn doel aan te vallen, wat dat doel ook moge geweest zijn. Het witte huis misschien? Onderzoekers en makers van complottheorieën beweren dat er nooit wrakstukken of lichamen of ook maar een druppeltje bloed terug gevonden werden.

Aanhangers van de complottheorieën in de V.S. worden geschaard onder de noemer "9/11 Truth movement" en ze verdenken de overheid ervan om een rechtvaardiging te fabriceren voor oorlogvoering, meer militaire budgets en het doorvoeren van ingrijpende

maatregelen ter beperking van de privacy en de individuele vrijheden ten gunste van de (schijn)veiligheid. Internet levert eveneens legio bewijzen die de complottheorieën trachten te ontkrach-
ten. Het is aan de vrijdenker om uit te maken waar de waarheid
zich bevindt. In elk geval in de V.S. en Europa en over heel de wereld zijn er voldoende mensen die deze complot-theoretici en hun
zorgvuldig opgebouwde bewijsvoering erg plausibel vinden.

Probleem-Reactie-Oplossing

David Icke, een complotdenker, spreekt in zijn boek "The biggest secret" van de Probleem–reactie–oplossing techniek. Het gaat om het induceren en exploiteren van angst op grote schaal. Als je als machthebber iets wil doen dat voor het collectief moreel onaanvaardbaar is, zoals bijvoorbeeld een land binnenvallen om olie te roven, of gewoon een land binnenvallen om je nieuwe wapentuig uit te testen, dan dien je dat te doen via de volgende manipulatie. Je creëert een probleem, zoals bijv. de aanval op de Twintowers en het Pentagon. Je leidt de aandacht weg van jezelf als regisseur van dit probleem door het creëren van een zondebok bijv. Osama Bin Laden. Dan maak je er een mediacircus van om zeker te zijn dat er op collectieve schaal angst, verontwaardiging en woede uitbreekt. Vervolgens eist de naïeve, gemanipuleerde, verontwaardigde en bange massa dat er iets wordt gedaan. Ze willen dat het probleem wordt opgelost (reactie). OK, nu krijgen en aanvaarden de burgers deze bewuste oorlog om olie of om het uittesten van nieuwe wapens. Ze slikken het als koek, want ze zijn ervan overtuigd dat het om het bestrijden van terrorisme gaat (war on terror). De wapenindustrie en de oorlogsmachinerie draaien op volle toeren. Toegepast Machiavellisme noem ik dat. Icke noemt deze methode van probleem-reactie-op-lossing een voorbeeld van massa-manipulatie en mind controle. Financiële markten worden gemanipuleerd en crises worden geïnduceerd om oorlog te rechtvaardigen zoals de beurscrash van 1929 -> Armoede ->   Hitler aan de macht in 1933 -> wereldoorlog van 1940-1945 -> oprichten VN (1945) en NAVO (1948). Na elke oorlog komen de geldstromen in de handen van nog minder mensen. Een ander voorbeeld is dat je massaal armoede en criminaliteit importeert uit minder ontwikkelde gebieden van eerder symbiotische volkeren. Zo laat je eerst en vooral de lonen dalen en bovendien neemt door de toenemende criminaliteit het gevoel van veiligheid af. In België zitten de gevangenissen overvol met nieuwe Belgen en vreemdelingen. Beleidsmakers spreken zelfs van het invoeren van quota ?!?! Tussendoor orkestreer je nog een paar bankcrises en wat terroristische aanslagen. Dan komt er de vraag naar meer blauw en kaki in de straten en voor je het weet leef je in een Kafkaëske politiestaat of een corrupte militaire dictatuur.

Het uiteindelijke doel van deze massamanipulatie en mind controle is volgens Icke het installeren van een wereldomvattende fascistische staat: De Nieuwe Wereldorde (Wereld Management Team), waar macht en geld in handen zijn van een machtselite, bestaande uit een groep toplieden uit politiek, religie, bedrijfsleven, banken en geheime diensten. Zij regeren ons, kneden ons brein, vormen onze smaak en suggereren onze ideeën. We leven niet langer in een wereld van naties met hun respectievelijke politieke bestellen. Er is DuPont, Shell, Exxon en andere multinationals. Zij zijn de echte wereldnaties. Het zou gaan om een dertiental families, zoals de dynastieën van de Rothschilds en de Rockefellers, die via bankieren de geldstromen en dus de economie, de politiek, de media, het militaire apparaat, de wetenschap, de geneeskunde, de scholen en eigenlijk alle geledingen van de maatschappij beheersen. Deze dertien bloedlijnen horen volgens de complot-theoretici tot de organisatie van de Illuminati, een occulte gemeenschap van de linkerhand, die via satanische rituelen en zwarte magie alsmaar meer macht en geld verwerft tot hun eigen meerdere eer en glorie. Icke en anderen beweren zelfs dat deze bloedlijnen behept zijn met alien-reptielen-genen. Ze worden repto's en draco's genoemd. Met andere woorden, nauwelijks één procent van de wereldbevolking heerst via schaduw regeringen over negenennegentig procent van de wereldpopulatie. Bovendien zouden deze reptielen-leiders horen tot een uitgeëvolueerd ras wat geen empathie kent en geen moraliteit.

De Anunnaki

Rond 5.000 - 3.000 v. Chr. zijn volgens de officiële geschiedenis, de Anunnaki de goden van de Sumeriërs, de Akkadiërs, de Assyriërs en de Babyloniërs. In deze Mesopotamische mythologie is Marduk hun leider. De Igigi, of lagere Goden, afgebeeld als monsters en slangen, dienen de Anunnaki of hogere goden. Kingu, de leider van de rebelse Igigi komt in opstand en wordt geofferd. Zijn bloed en verstand wordt met klei vermengd en hieruit wordt de mens geboetseerd, die dus iets goddelijks en iets rebels heeft.

Linda Moulton Howe, een onderzoekende journaliste en advocate van de complottheorieën, waarbij ze de Amerikaanse regering beschuldigt van samenzweren met extraterrestials en Anthony Sanchez, schrijver van "UFO Highway" geven een andere uitleg. Diezelfde uitleg vinden we ongeveer terug in Zecharia Sitchin's boeken waaronder "Anunnaki chronicles". Hij zoekt bewijzen voor zijn theorie dat de goden van toen, namelijk de Anunnaki, aliens zijn die komen van de planeet Nibiru of Marduk. Deze bewijzen claimt hij te vinden in het Oude testament wat volgens hem oorspronkelijk door de Sumeriërs werd geschreven en hij was een pionier wat betreft Sumerische vertalingen. De Sumerische geschriften, in spijkerschrift geschreven, horen tot de oudste die we tot nu toe kennen. Ze zijn bijna zesduizend jaar oud en ze schrijven over gebeurtenissen van misschien wel 500.000 jaar geleden. We moeten wel in acht nemen dat tijd een relatief begrip is. De koolstofdatering roept steeds meer vragen op. Ruimte en tijd zijn iets van deze dense, derde dimensie, materiële wereld en waarschijnlijk zijn we in onze aarde- en mensheid-ontwikkeling wel doorheen andere, minder dichte dimensies gegaan. En volgens mij, evolueren we terug naar hogere dimensies met hogere frequenties en met een totaal nieuw tijdsbesef. Bovendien evolueren de sterrenstelsels waar onze Galaxie doorheen reist en verandert de aanblik van de aarde over langere tijdsperioden, te denken aan Pan-Gea en de shift der continenten.

Sumer bevond zich waar Tigris en Eufraat uitmonden in de Perzische golf, het huidige zuidoosten van Irak. De Sumeriërs noemden zichzelf "het land van de beschaafde heersers". En Sumer wordt beschouwd als een samenleving waar alle kenmerken van een civilisatie aanwezig waren. Samen met Egypte en de Indusbeschaving, die met elkaar in contact stonden vormt ze de wieg van de beschaving.

Maar wie zijn die fameuze Anunnaki waar zoveel onderzoek naar is gedaan en waar zoveel over geschreven wordt? Soms duiken ze op onder de naam Nephilim en ook Elohim. Het verhaal in de Sumerische kleitabletten vertelt dat de Anunnaki emigreerden van het sterrenstelsel Sirius AB via Mars naar de aarde. Ze reisden op de planeet Nibiru of Marduk die rond twee zonnen cirkelt, die van het Sirius-stelsel en de onze. Om de zoveel tijd, Sitchin zegt om de 3.600 jaar, zou ze hier dus langs komen. Deze enorm grote planeet zou als twaalfde planeet tegen de richting van de planeten van ons zonnestelsel in, passeren tussen Mars en Jupiter. Dat is waar zich nu de asteroïdengordel bevindt. Deze gordel van brokstukken noemden de Sumeriërs de verbrijzelde armband en dat zou het resultaat zijn van een botsing tussen Nibiru en Tiamat. Een stuk van Tiamat en haar maan werd hierbij geslingerd naar de orbit tussen Venus en Mars, en dat is nu dus onze aarde. (Bron, Drunvalo Melchizedek, Geometrie van de schepping).

Tiamat is eveneens de oer-godin in de Sumerische en Babylonische mythologie. Ze speelt een voorname rol in het scheppingsverhaal, waar ze de oer-oceanen representeert en afgebeeld wordt als een zeeslang of zeedraak. Ze baart draken, slangen en monsters (Igigi?). Samen met Kingu, haar minnaar, staat ze op tegen Marduk. Deze laatste verslaat haar, splijt haar in twee en laat haar bovenste, gespikkelde helft dienen als het firmament en haar onderste helft als de wereld met haar zeeën en oceanen. Dan vormt en ordent Marduk de natuur en schept hij de mensen.

Over de planeet Marduk of Nibiru werd eveneens veel gespeculeerd. Geleerden zouden op zoek zijn naar een fameuze, grote planeet X, een verborgen planeet in de buitenste ring van ons zonnestelsel. Ze zou zich achter Neptunus bevinden en dichterbij komen, wat schommelingen veroorzaakt in de baan van Neptunus en zelfs van onze maan. Anderen denken dat er sprake is van een enorm groot sterrenschip of ruimtestation. In new-age story's wordt er veel gespeculeerd over wanneer Nibiru terug zal passeren. We kunnen ons voorstellen dat dit niet ongemerkt zal voorbijgaan. Men spreekt van rampen, tsunami's, aarde-as-verschuivingen en zo veel meer. Nibiru zou ook de ster van Bethlehem zijn geweest, die de wijzen uit het Oosten gidste. Sprookjes? Fictie? Zoals ik eerder al zei, de waarheid ligt ergens tussen fictie en nonfictie, in het veld wat exacte fantasie heet en iedereen bepaalt zijn eigen waarheid. Ik bied enkel referentiekaders aan en archetypes.

Dus deze ruimtevaarders, waren miljoenen jaren onderweg, maakten een tussenstop op Mars, waar ze omwille van een meteorieten-storm moesten vluchten om uiteindelijk op onze planeet te stranden. Hier kwamen ze goud winnen. Het goud zou het gebrek aan zonlicht in hun eigen atmosfeer moeten vervangen. Goud delven in mijnen is hard werken en dus schiepen deze Anunnaki, via genetische manipulaties uit het hier bestaande leven twee slavenrassen, de rechtop lopende homo sapiens en de Grijzen (Igigi). Dat deden ze onder andere door hun zaad te mengen met dat van de hier wonende primaten. Volgens de kleitabletten zou dat zo'n tweehonderd duizend jaar geleden gebeurd zijn. Wetenschappers vonden overblijfselen van de homo erectus en de homo sapiens die zo tussen de 500.000 en de 180.000 jaar oud zijn. Maar weerom, tijd is een relatief begrip.

Als je leest over de Anunnaki, worden ze beschreven als geschubde reptielen. Anderen spreken over de Elohim of Nephilim die reusachtig groot waren. Vrouwen zouden tussen 3m en 3.60m groot zijn en de mannen tussen 4.20m en 4.80m. Ze zouden een levensduur hebben gehad van 360.000 jaar. In de 19de en de 20ste eeuw vond men in Amerika verschillende graven met skeletten van reuzen. Overblijfselen van deze "meganthropus" vond men eveneens in Australië, China, Zuid-Afrika, Java, Rusland, de Filipijnen enz. Sommige schedels toonden twee rijen tanden.

"Bewijzen" van de reptielachtige Anunnaken vindt je naar het schijnt, verder in afbeeldingen en standbeelden van draken en slangen, zoals de slang rond de stok, het symbool van de geneeskunde. Anderen beweren dat de Anunnaki vertegenwoordigd worden door de amorele pig-parent goden van de Olympus. Er wordt verder gesproken van, Reuzen, Djinn, Titanen, Gevallen Engelen, Watchers, De Ouden, Zonen van Zadok, Zonen van Seth, Uraniden, Slangenmensen enz. enz.

In ieder geval komt het verhaal van de Anunnaki er steeds op neer dat ze niet zo goed konden aarden op deze planeet vanwege de zwaartekracht, het magnetisme en het felle zonlicht. Ze voelden zich hier niet zo thuis. Daarom hebben ze de leylijnen of meridianen van de aarde aangepast en vermengd met energie die hun biologie beter ondersteunde. Hierdoor raakte de flora en de fauna van onze planeet van slag en steeds agressiever. Deze leylijnen zijn nog steeds niet opgeschoond. Heel wat kerken en kathedralen zijn op deze leylijnen gebouwd. En deze geloofsinstituten hebben al getuigd van heel wat kwaadaardigheid, te denken aan de Spaanse inquisitie tegen de Joden, de Albigenzische kruistochten en het uitroeien van de Katharen, de heksenverbrandingen, het vervolgen en uitmoorden van zogenaamde heidenen, tot het verkrachten en misbruiken van misdienaartjes. Tegenwoordig zien we dat er in de naam van Allah eveneens heel wat misdaden tegen de menselijkheid worden gepleegd. Aanhangers van paternalistische, patriarchale godsdiensten hebben de neiging om hun vrouwen te onderdrukken, te moorden en oorlogen te voeren in de naam van hun Zwijn-Ouder-God. Een Anunnaak?

Welnu, pogingen om de aarde, de biosfeer en de aardlingen uit te buiten liepen meer en meer mis en de lichamen van de Anunnaki raakten meer en meer uit balans. Uiteindelijk modificeerden ze zichzelf eveneens genetisch, door te paren met mensen. Van deze hybride nakomelingen stammen sommige Grieken, Egyptenaren en anderen af. Omdat ze op zoek waren naar koelere plaatsen trokken ze uiteindelijk uit Babylonië naar Europa. In onze geschiedenis spreken we van het oprukken van de barbaren die het Romeinse rijk onder de voet lopen. Wij zouden ze kennen als de Merovingen, een dynastie van Frankische koningen die over onze contreien regeerden van de 5de tot de 8ste eeuw. Deze Anunnaki liggen volgens onderzoekers aan de oorsprong van vele koningshuizen en andere aristocratische standen die beweren blauw bloed te hebben. Andere gerelateerde namen zijn Alfred de Grote (848-899), koning van Engeland en de "barbaar" Karel de Grote (742-814), een Karolinger. Deze bloedlijnen zouden buiten het leveren van aristocraten en koningshuizen in Europa, eveneens de meeste Amerikaanse presidenten leveren. David Icke, die Burke's peerage bestudeerde, wees erop dat van de drieënveertig presidenten van Amerika, van George Washington tot George W. Busch er vierendertig genetisch terug te voeren zijn naar de stamboom van Karel De Grote.

David Vaughan Icke (1952) is een tamelijk fanatiek Brits schrijver en activist, die sinds 1990 bijna fulltime bezig is met onderzoek naar wie de wereld werkelijk beheersen. Hij spreekt eveneens van een fokprogramma tussen reptielachtige buitenaardsen en aardse menselijke wezens dat vele duizenden jaren geleden plaats vond. Dertigduizend jaar om precies te zijn. En nog eens zo'n zevenduizend jaar geleden. De afstammelingen van deze laatste kruising zouden nu achter de schermen de aarde beheersen. Hij zegt dat alle machthebbers nakomelingen zijn van deze Reptilians en dus aliens. Hij noemt ze "the babylonion brotherhood" en stelt hen verantwoordelijk voor het oprichten van de katholieke kerk en het ontstaan van andere paternalistische religies zoals het judaïsme en de Islam. Andere groeperingen van reptielen zijn volgens hem gezelschappen als de Tempeliers, de vrijmetselarij, de druïden-ordes met op de top de globale elite of de Illuminati.

Deze reptielachtige entiteiten horen thuis in de vierde dimensie (4D) of de astrale wereld. Dit is de broedplaats van demonen uit mythen, legenden en godsdiensten. Het is de thuishaven van onze eigenste script en onze schaduw die we voeden met angst, wrok en haat. Daar bevindt zich eveneens het machtscentrum van de Illuminati, een kleine kliek die als schaduwregering de wereld beheerst. Met andere woorden, nauwelijks één procent van de wereldbevolking beheerst de andere negenennegentig procent. Deze Illuminati (Luciferiaans Verlichten) beheersen de banken, de multinationals, de mediaconcerns, de legercorpsen, politieke bestellen, scholen en universiteiten, de wetenschap, de farmaceutische bedrijven en tal van andere organisaties. Via mind-controle en massamanipulatie van geest en emoties (via angst) nemen ze de ene vrijheid na de andere af, terwijl ze voor de massa de illusie van vrijheid in stand houden. Uiteindelijk willen ze de wereld overnemen en de Nieuwe Wereldorde installeren, een fascistische staat die alles wereldwijd controleert en bepaalt. De Illuminati horen tot de ingewijden van de linkerhand en zijn geobsedeerd door incest om hun genetische code te bewaren en symboliek en rituelen die te maken hebben met bloed en sperma om hun genetische codes te manipuleren.

Wetenschappers hebben in de reptiel-hersenen (hersenstam) de bron gevonden van obsessief, dwangmatig gedrag, koelbloedigheid, territoriumgedrag en een voorkeur voor een top-down hiërarchie. Het is geweten dat dertig procent van topleiders op hoog niveau psychopathisch gedrag vertonen, te zeggen zonder empathie en zonder moraliteit. Ik stel vast dat ze als angstige dieren hun pseudo denken (denk niet) ten dienste stellen van hun reptiel-hersenen die weten te overleven (vechten of vluchten). Ze hebben een survival of the fittest ethiek en gaan over lijken. Ze gaan voor macht en geld. Op een ziekelijke en ziekmakende manier graaien ze uit armoede-bewustzijn en het is nooit genoeg. Ze worden aangestuurd door hun instinctieve gewaarwordingsziel die aan de astraliteit van de dieren gelijk is en ze hebben op geen enkele manier hun astraliteit getransformeerd naar een menselijke ziel door het ontwikkelen van een verstandsgemoedsziel, een bewustzijnsziel en een denkend "ik". (in verband met zielen-ontwikkeling en mensheid-ontwikkeling, zie boek 3, hoofdstuk 14). Ze leven in symbiotische, patriarchale clans met een godfather aan het hoofd. Nepotisme en vriendjespolitiek vieren hoogtij. Ze vormen netwerken van wederzijdse afhankelijkheid en onvoorwaardelijke gehoorzaamheid. Gelukkig zijn ze dom (denk niet) en hun complotten worden door vrijdenkers steeds aan het licht gebracht. Maar wie zijn zij eigenlijk? Reptilians? Draco's? Vermomde Tyrannosaurus Rex? De samenzweerders-theoretici zeggen dat je ze kan herkennen omdat ze in gesprekken, dialogen en toespraken, zoals slangen en hagedissen dat doen, steeds hun tong uit hun mond steken.

Nu komt er een nog onwaarschijnlijker verhaal over trauma based mind control en shape-shifting. Maar ja, de waarheid ligt ergens tussen fictie en non-fictie. Ik reik enkel referentiekaders en archetypes aan. Het is aan de lezer om zijn waarheid te achterhalen.

Op trauma gebaseerde mind controle

Sirhan Sirhan, (1944) schoot op 5 juni 1968 de Amerikaanse senator Robert Kennedy dood in het Ambassador hotel te Los Angeles. Hij claimt zich niets van de moord te herinneren omdat hij onder "hypnose" was.

David Icke en Fritz Springmeier, een andere samenzwerings-theoreticus spreken over trauma based mind control. Een van de eerste methodische studies over op trauma gebaseerde mind-controle werd uitgevoerd door de nazi-dokter Jozef Mengele (de engel des doods) met Joodse kindjes in Auschwitz. Na de oorlog zou Mengele met tal van andere Duitse geleerden (operatie Paperclip) voor de CIA zijn werk verder hebben mogen zetten in ondergrondse geheime militaire bases in de V.S. Hier runde de afdeling Directorate of science & technology het Project MK-Ultra in de jaren vijftig en zestig van de vorige eeuw, met tal van Amerikaanse en Canadese burgers als (niet vrijwillige) proefpersonen. In de jaren zeventig kwam alles door verschillende commissies aan het licht en werd het project officieel stopgezet, maar in werkelijkheid zou het verder gezet worden onder de naam Monarch Programming en miljoenen mensen, burgers en militairen zouden op deze manier tot Manchurian Candidates (mentale robots) zijn omgetoverd. De film "The Manchurian Candidate" (2004) met Denzel Washington en Meryl Streep in de hoofdrollen verhaalt hier over. Een ander film waar het Project MK-Ultra met zijn desastreuze gevolgen terloops wordt aangekaart is "Manhunt: Unabomber" met Sam Worthington in de hoofdrol.

Met monarch programmeren worden mensen willoze slaven met een meervoudige persoonlijkheidsstoornis die kunnen worden "geactiveerd" en op alle mogelijke manieren ingezet van seksuele slavernij tot moord. Voor deze experimenten werden vooral kinderen onder de vijf jaar, die van de straat werden gerukt, gebruikt. Het zou om miljoenen kinderen gaan.

In deze 'trauma based mind control' projecten werd er geëxperimenteerd met LSD, drugs die de hersenen veranderen, elektroshocks, lichamelijke en geestelijke martelingen en mishandelingen, om een mentale dissociatie te bewerkstelligen. Zo kan de geest worden ingedeeld in compartimenten (multipele persoonlijkheden) die van elkaars bestaan niets afweten. De aldus gevormde afgebakende personages kunnen vervolgens apart worden geprogrammeerd, geactiveerd en ingezet. Met andere woorden, systematische martelingen, door middel van pijn, angst (spinnen, ratten, drugs...), zuurstofgebrek, drugs, illusie, gekkenmakers-boodschappen, sensorische deprivatie, zintuiglijke over-stimulatie, kou, hitte, snel ronddraaien, hersen-stimulatie, verkrachting, slaaptekort, vergiftiging, het brengen tot op de rand tussen leven en dood, blokkeren de mogelijkheid voor het bewust verwerken door het slachtoffer. Vervolgens worden door suggestie en klassieke conditionering gedachten, percepties, gedragingen en richtlijnen in de onbewuste compartimenten ingeplant. Met andere woorden, de alter-ego's worden geprogrammeerd. Zo wordt het slachtoffer gedwongen om te voelen, te denken en te doen wat is opgedragen. Miljoenen mensen die deze programmatie hebben ondergaan, zijn intussen terug in de maatschappij gezet en volgens Fritz Springmeier, horen ze tot "het netwerk" en vormen ze de ruggengraat van de Nieuwe Wereldorde.

Ondertussen worden heel wat van de onderzochte programmering-technieken geperfectioneerd en via nieuws, muziek, films, reclames, tv-shows, games en dergelijke los gelaten op het grote publiek. In "Het Pleiadisch plan" van Barbara Hand Clow lezen we het volgende: de Anunnaki staan aan het hoofd van het Wereld Management Team dat de geheime spionage-apparaten, geheime politie, regeringen en multinationals draaiende houdt. Ze stemmen zich af op de frequenties van onze communicatiesystemen (radio, televisie, internet,...) die ze overladen met gemaskeerde beelden en geluiden. Deze subliminale communicaties worden gebruikt om ons te coderen met gedachten-vormen terwijl we onschuldig en naïef zitten te lachen met bijvoorbeeld een komische tv-show. Zo gebruikt het Wereld Management Team onze eigen elektronische ontspanningsvormen om in ons hoofd binnen te dringen. De enige manier om dit te voorkomen is om je eigen trillingsgetal te verhogen tot op een punt dat buiten hun bereik ligt. Dit doe je door je bewust te worden van je script-programmaties en deze te transformeren via vrijdenken en fenomenologisch vrij onderzoek. Of anders gezegd, door je gewaarwordingsziel, die aan de astraliteit van de dieren gelijk is te transformeren door het ontwikkelen van je verstandsgemoedsziel, je bewustwordingsziel en je *denkend ik*. Met andere woorden, individualiteiten, die een geïntegreerde Volwassene hebben ontwikkeld, kunnen nooit in de klauwen van het Wereld Management Team, of de heersers van de Nieuwe Wereldorde terecht komen.

Arizona Wilder die een op trauma gebaseerde mind gecontroleerde slaaf beweert te zijn, die deel moest nemen aan satanische rituelen van de Illuminati, wordt door David Icke als stergetuige van de van vorm veranderende reptielen opgevoerd. Internet levert legio YouTube filmpjes met interviews en getuigenissen en het is voor mij duidelijk dat ze "haar waarheid" spreekt. De gevoelloze, aarzelende manier waarop ze spreekt getuigt volgens mij van trauma. Ze kan natuurlijk geprogrammeerd zijn om deze dingen te vertellen zodat David Icke als klokkenluider voor de aankomende machtsgreep van de Illuminati volkomen ongeloofwaardig wordt. Ze herinnert zich de satanische reptielen-rituelen terwijl ze in psychotherapie is en begint daar te beseffen dat ze grote stukken tijd verloren heeft. Tussen 1989 en 1999 heeft ze veel herinneringen over seksueel misbruik door haar stiefvader. Verder herinnert ze zich martelingen uitgevoerd in ondergrondse militaire bases. Ze beweert gemarteld te zijn door Mengele, die zich dr. Green noemt. Haar ouders werden wijsgemaakt dat ze een IQ van 70 had en dat speciale bijscholing nodig was. Daardoor werd ze vaak uit de klas gehaald en naar de ondergrondse bases gebracht. Ze beweert daar contact te hebben gehad met genetisch gemodificeerde cyborg dolfijnen en aliens. Ze vertelt dat ze ondergedompeld werd in ijswater, totdat ze uittrad en haar astrale zelf in de kamer ernaast een merkteken op een papier moest gaan zetten. Na drie pogingen slaagde ze hier in. Deze proef werd, ondanks de koude oorlog, gedaan samen met zogenaamde "geleerden" uit de U.S.S.R. Ze getuigt over hoe ze beroemdheden heeft zien van vorm veranderen (shapeshiften) naar reptielen-aliens in satanische bloedrituelen waar dezen mensenbloed en mensenvlees tot zich namen. De koningin van Engeland was een van hen. Cathy O'Brien is een andere getuige en slachtoffer van het gouvernementele mind-control programma en het Monarch Programma. Onder hypnose herinnert ze zich seksueel misbruik door haar vader en door een netwerk van kinderporno-makers, drug dealers en satanisten. In het programma van de CIA werd ze een seksslaaf en ze herinnert zich net als Wilder een hele hoop prominente en vooraanstaande figuren die aan deze black-magic rituelen deelnamen. Ze zag o.a. George H.W. Bush in een hologram van een reuzenhagedis naar zich toekomen. Dit gaf haar de illusie dat Bush transformeerde (shapeshifting) naar een soort van kameleon. Cathy O'Brien spreekt van het gebruik van hologrammen, wat waarschijnlijk het feit dat Wilder de koningin-moeder van Engeland zag shapeshiften naar een alien-draak zou kunnen verklaren. Toch blijven het vreselijk absurde realiteiten om aan te nemen. Anderzijds kan ik me voorstellen dat gemartelde slachtoffers van incest en kinderporno, uittreden (dissociëren) naar de astrale wereld en daar de "ware gedaante" van hun aanvallers kunnen schouwen. Een andere verklaring is, dat de veelvuldig toegediende drugs dergelijke waanbeelden kunnen veroorzaken. Het lijkt me logisch dat zwaar getraumatiseerde mensen erg beïnvloedbaar zijn en zich makkelijk laten brainwashen. Ik wens hierbij terug te grijpen naar wat ik schreef in mijn tweede werk over kwantum transactionele analyse en de Nieuwe Tijd. Daar vind je een analyse van het Marokkaanse script. Heel wat kinderen groeien er op in grote gezinnen, die in te kleine een-gezins-woninkjes wonen. Er is omzeggens geen privacy. Incest en seksueel misbruik zijn bij zeer jonge kinderen en over zeer lange periodes vaak schering en inslag. Jongetjes en kleine meisjes vallen ten prooi aan de seksuele driften van grote broers, neven, nonkels en vaders. Helaas vinden weinig moslima's en nog minder moslims hun weg naar een goed opgeleid therapeut. Te vaak wordt genezing gezocht in gebeden, rituele zuiveringen, mantrische spreuken uit de koran en duivel-uitdrijvingen door een Imam. Met andere woorden, bovenop zware trauma's krijgen we de indoctrinatie van een zeer opleggende en weinig ruimte voor vrijheid latende godsdienst. Haat-prekende Imams vinden bij deze jongeren een zeer vruchtbare voedingsbodem. En dit zou wel eens een verklaring kunnen geven voor de, voor een gezond denkend mens, onverklaarbare excessen die in de naam van Allah over de hele wereld worden uitgevoerd, te denken aan terrorisme, bomaanslagen, moord en oorlog.

De Astrale wereld

Het astrale vlak of de vierde dimensie wordt wel eens de wereld van de fantasie genoemd. Je verlaat de fysiek materiële sfeer en je verkent je innerlijke landschap. Het is de wereld waar beelden spreken en symbolen en archetypen. Het is de droomwereld en het veld van de sprookjes die deel uitmaken van het collectief geheugen. We gaan er 's nachts naartoe als we slapen en dromen en we reizen erdoorheen na de dood. Het is de wereld van de instincten, de begeertes, de ongecontroleerde en lagere emoties. Het is de wereld die het fijner stof levert voor ons astraal lichaam als voertuig. Het is de wereld tussen hemel en aarde, het vagevuur en de poelen des verderfs. In de astrale wereld leven lagere entiteiten en demonen. Het is de thuishaven van onze persoonlijke schaduw en ons script. Hier leven naast onze overtuigingen, archetypen als gnomen, nimfen, elfen en vuurwezens. Carl Gustav Jung heeft deze wereld van het (collectief) onderbewuste ernstig genomen, onderzocht en ontcijfert. Rudolf Steiner heeft het erover in zijn geesteswetenschappelijke boeken en voordrachten.

In Max Heindel 's "Kosmogonie der Rozenkruisers" lezen we dat de astrale wereld of begeerte-wereld bestaat uit een soort van zeer beweeglijke, bijna levende en steeds van vorm veranderende krachtstof die veel minder dens is dan de inerte materie van de derde dimensie, chemische sfeer. Deze krachtstof neemt in onbegrijpelijke snelheid alle denkbare en ondenkbare vormen aan, terwijl ze schittert en fonkelt in duizenden steeds afwisselende licht en kleurschakeringen. De wereld van begeerten bestaat uit zeven sferen, waarvan in de eerste sfeer de demonische scheppingen wonen die gebouwd zijn van de ruwste hartstochten en zinnelijke begeerten van de mensen, alsook de archetypes die het resultaat zijn van leugens en manipulaties. De tweede sfeer is de sfeer der ontvankelijkheid. Het gaat om het neutraal waarnemen en het vormen van beelden. De derde sfeer is de sfeer der wensen. Deze drie sferen leveren vormen en beelden die bijdragen aan onze ervaring, zielengroei en evolutie. In de vierde sfeer ontmoeten we de sfeer van het gevoel van belangstelling of van onverschilligheid. Belangstelling en onverschilligheid sporen aan tot handelen en zetten aldus de wereld in beweging. Onverschilligheid doet denkbeelden verschrompelen en vernietigen. Belangstelling die uitgaat van walg en antipathie zet ook vernietigende krachten aan het werk. Belangstelling, gedragen door sympathie en welwillendheid doet denkbeelden groeien en bloeien. De drie hoogste sferen van de begeerte-wereld zijn de sfeer van het zielenleven, de sfeer van het zielenlicht en de sfeer van de zielen-kracht. Hier bevindt zich de woonplaats van menslievendheid, hulpvaardigheid en kunst.

De stoffelijke (3D) en de astrale wereld (4D) zijn niet in ruimte van elkaar gescheiden. De astrale wereld en haar bewoners doordringen de stoffelijke wereld en zijn de oorzaak van alles wat er in de stoffelijke wereld gebeurt. In termen van kwantum transactionele analyse zou je kunnen zeggen dat de oorzaken van alles wat er gebeurt ligt in de individuele en collectieve scripts en dat deze script-overtuigingen inderdaad wonen in de vierde dimensie. Als je de oorzaken van problemen wil aanpakken, dien je te zoeken naar de overtuigingen die eraan ten grondslag liggen en die dienen op hun beurt getransformeerd te worden.

In de "Alchemie van de negen dimensies" schrijft Barbara Hand Clow dat de vierde dimensie of astrale wereld het rijk is van de menselijke collectieve geest, het mengsel van individuele gedachten en gevoelens, die zich versmelten en verweven tot archetypische patronen. Deze dimensie bevat de herinneringen van de ervaringen van alle mensen door alle tijden heen (door Steiner de Akasha Kronieken genoemd). De hoeders van 4D zijn de Anunnaki. Zij verontreinigen de menselijke culturen met de sterk collectieve kracht van hun geloofssystemen en overtuigingen. Verder schrijft Hand Clow dat 4D gevuld lijkt te zijn met geweldige goden en godinnen die in schitterende drama's verwikkeld zijn. Maar als mensen er achter komen hoe de 4D archetypen op 3D invloed uitoefenen, worden ze niet langer door deze goden geregeerd. Dan weten ze dat wij mensen, en niet de goden de soevereine scheppers van 3D zijn. Met andere woorden, zoals je kan lezen in "Kwantum Transactionele Analyse en Spiritualiteit", wie als een fenomenologisch vrij onderzoeker zijn script transformeert naar autonomie en maturiteit, creëert zijn eigen realiteit en is dus vrij. Bovendien leer je dan om een onderscheid te maken tussen lagere astrale impulsen (uit je script) en ware goddelijke inspiratie (van je hoger zelf of het veld). Als iemand zijn begeerten en emoties niet in bedwang heeft neemt volgens Hand Clow de 4D energie (begeerte-lichaam) een lage astrale kleur aan en kunnen boze geesten, ET's, monsters of samengestelde schepsels hem bezoeken en tot waanzin, gewelddadigheid of ziekte brengen. Krachtige scheppers daarentegen, zoals sommige kunstenaars, dichters, schilders, beeldhouwers, maar ook politici (de cultureel-creatieven namelijk) kunnen volgens Hand Clow, deze grootse (goddelijke) archetypen tot uitdrukking brengen en als goede tuinlieden 3D ermee bevruchten en vruchtbaar maken.

40

De Schaduw

In Buwler Lytton 's "Zanoni" (1842) lezen we over de inwijding van een neofiet met de naam Glyndon door een Hiërofant-Rozenkruiser en meester in de Alchemische kunsten met de naam Mejnour. Glyndon krijgt vele lessen in scheikunde en kabbala die zijn verstand moeten scherpen. Hij leert vasten en zich seksueel te onthouden. Hij moet zichzelf in een rustige en tevreden modus kunnen zetten (parasympaticus). Hij moet leren denken en zijn hartstochten en begeerten moet hij in toom kunnen houden (ontwikkelen van verstands-gemoedsziel, bewustzijnsziel en "ik"). In een laboratorium leert hij via vele chemische proeven, de werking van de natuur te begrijpen. Ook zijn geduld wordt op de proef gesteld. Als hij bijna klaar is voor de inwijding, vertrekt Mejnour op reis. Glyndon krijgt de sleutel van het laboratorium in bewaring maar mag onder geen beding deze ruimte betreden totdat zijn leermeester terugkeert. Er zijn vooral een paar flesjes met essences waar hij absoluut moet afblijven. Zo wordt zijn onverschilligheid en zelfbeheersing op de proef gesteld. Dagenlang verdiept Glyndon zich in de Pythagoreïsche berekeningen om zijn verstand tot het uiterste in te spannen. Nauwgezet brengt hij alle opdrachten en oefeningen waarmee zijn leermeester hem achterliet tot een goed einde en dan begint de nieuwsgierigheid te knagen. Aanvankelijk biedt hij weerstand door lange wandelingen te maken. Maar op een van zijn tochten komt hij terecht op een feestje en danst hij met een mooi meisje, waarbij zijn zinnen in vuur en vlam komen te staan. Diezelfde avond opent hij in het laboratorium het bewuste flesje, en de ether die eruit komt vervult hem op slag met een gevoel van jeugdigheid, blijmoedigheid en vreugde. De volgende dag zoekt hij als een verliefde puber het meisje terug op. Ondertussen krijgt hij bericht dat zijn leermeester morgen terugkomt. Die nacht waagt hij zijn kans opnieuw in het laboratorium. En terwijl hij het andere flesje uitprobeert, ontmoet hij totaal onvoorbereid De Kleine Wachter Op De Drempel. Lytton geeft de volgende beschrijving. "Het was als een mensenhoofd, bedekt met een donkere sluier, waardoor heen met vaal en duivels vuur een paar ogen glinsterden, dat hem het merg in de beenderen deed verstijven." En verder "Zijn gestalte was gesluierd evenals het gelaat, maar de omtrek was die van een vrouw, toch bewoog het zich niet zoals een spook. Het scheen veeleer te kruipen als een reusachtig gedrochtelijk reptiel." .... "en dan sprak het Beeld hem toe, zijn ziel veeleer dan zijn oor, begreep de woorden die hij sprak: "Ge zijt het onmetelijke rijk binnen gegaan. Ik ben de

Wachter Op De Drempel. Wat verlangt ge van mij? ..." Glyndon, de leerling tovenaar verliest in doodsangst het bewustzijn en ontwaakt de volgende dag laat in de middag in zijn bed.

In een artikel van Steiner over de Wachters Op De Drempel lezen we dat belangrijke ervaringen bij het binnentreden van de Hogere Werelden de ontmoetingen met de Wachters Aan De Drempel zijn. Er is een kleine en een grote Wachter. In zijn inwijdingsweg, krijgt de neofiet verhalen over deze Wachter, om hem voor te bereiden. Een werkelijk schrikwekkend, spookachtig wezen zal zich vertonen. De leerling zal op dat moment al zijn tegenwoordigheid van geest en het volste vertrouwen in zijn ontwikkelingsweg nodig hebben welke hij zich in zijn scholing heeft eigen gemaakt.

De Wachter drukt zijn betekenis ongeveer als volgt uit. Tot nu toe was je er niet van bewust hoe je zelf je lot bestierde. De consequenties van je goede en je slechte daden mocht je beleven in je volgende leven. Dat heet Karma. De mate van vreugde en smart die je leven na leven mocht ondervinden waren het gevolg van je daden in een vorig leven. Je hebt in je karakter mooie zijden en lelijke vlekken, die heb je zelf veroorzaakt door eerdere ervaringen en gedachten. Maar nu nemen al deze kwalijke en goede kanten van je vorige levens een voor jou zichtbare en zelfstandige gestalte aan en dat wezen dat zich een lichaam heeft gevormd uit al je edele en onedele activiteiten, dat ben ik, de Kleine Wachter Op De Drempel. Met andere woorden, bij het binnentreden van de hogere werelden wordt je geconfronteerd met je eigen Schaduw, die is opgebouwd met de energie en de intenties van alle goede gedachten, woorden en daden en van alle slechte gedachten, woorden en daden van al je levens tot nu toe.

De taak van de ingewijde is om voortaan zijn Wachter Op De Drempel, de voor hem steeds zichtbare Schaduw, die geen moment meer van zijn zijde zal wijken, te transformeren en te verfraaien naar een volmaakt en heerlijk lichtwezen. Als hij daar niet in slaagt en blijft toegeven aan zijn instincten, driften, begeerten, egoïstische wensen en alle vormen van eigenbelang, dan zal zijn afgrijselijke schaduw ook hem mee omlaag trekken naar een donkere wereld van smart en verderf. De ingewijde krijgt nu de volledige verantwoordelijkheid om zelf leiding te geven aan zijn eigen lot. Zijn zichtbare schaduw is zijn barometer.

Als hij sterft zal zijn schaduw hem drie dagen van tevoren verlaten. Bovendien zal hij bij zijn dood enkel zijn stoflichaam afleggen. De hele bovenzinnelijke wereld die hij binnentreedt is voor hem reeds gekend. Bij zijn volgend leven zal zijn schaduw hem opnieuw vergezellen, totdat de verheven lichtgestalte is bereikt die opnieuw de zuivere geestelijke wereld kan bewonen. Dan heeft hij zichzelf bevrijd. Dan heeft hij het recht verworven om als bevrijde eenling het rijk van het bovenzinnelijke voor goed te betreden.

En dan, als je het rad van dood en wedergeboorte voor goed zou mogen verlaten, ... dan volgt de ontmoeting met de Grote Wachter Aan De Drempel. Een verheven lichtgestalte treedt de ingewijde tegemoet en zegt het volgende. Je hebt je los gemaakt van de zintuiglijke wereld. De bovenzinnelijke wereld is nu je thuis. Je kan van hieruit werkzaam zijn. Je hebt de fysieke natuur niet langer nodig voor je eigen ontwikkeling. Nu is het tijd dat je terug gaat naar de fysieke, zintuiglijke wereld om je lotgenoten mee te verlossen. Als je als bevrijde eenling het rijk van het bovenzinnelijke voor goed betreedt maak je je lot los van dat van hen, maar jullie zijn allen met elkaar verbonden. Nu moet je je krachten die je dank zij hen hebt verworven ook met hen gaan delen. Je mag voor altijd toeven in de lagere gebieden van de bovenzinnelijke wereld maar ik ontzeg je de toegang tot de hoogste gebieden van de bovenzinnelijke wereld zolang je niet al je verworven krachten hebt gebruikt om de wereld waartoe je behoort te verlossen. Ik sta als de engel met het vurig zwaard (Michael) voor het paradijs. Als je weigert om terug te keren dan zal een hoge bovenzinnelijke wereld alle vruchten van de zintuiglijke in zich opnemen, maar jou zal de bodem ontnomen zijn waarmee je was vergroeid. De gelouterde wereld zal zich boven jou ontwikkelen en jij zal ervan uitgesloten zijn. Nu moet de ingewijde zich losmaken van de verlokkingen der gelukzaligheid en opnieuw incarneren totdat alle mensen van de volkeren waarmee hij zich verbonden heeft die vrijheid hebben verworven. Want volkeren en rassen, zegt Steiner, zijn slechts verschillende ontwikkelingsstadia op weg naar een zuivere mensheid. Hoe volmaakter de representanten van een ras of een volk de zuivere, ideale mens tot uitdrukking brengen, hoe meer zij zich van het fysiek vergankelijke hebben opgewerkt tot het bovenzinnelijke, onvergankelijke, des te hoger dat volk of ras staat in de mensheidsontwikkeling. We denken hierbij aan figuren zoals Mahatma Gandhi, Maarten Luther King, Nelson Mandela, de Dalai Lama, Carl Gustav Jung en Rudolf Steiner, om er maar enkelen te noemen. De ontwikkeling van de mens via zijn incarnaties in steeds hogere vormen van volkeren en rassen is daarom een bevrijdingsproces.

In mijn vorig boek over "Kwantum Transactionele Analyse en de Oude Tijd", spreek ik over de ontwikkeling van de mensheid als geheel doorheen de fases van symbiose, separatie, integratie, individuatie en socialisatie. Vele volkeren toeven nog steeds in een symbiotische fase van wederzijdse afhankelijkheid. Het Westen beleeft een collectieve integratie van pseudo-denken met een groot geloof in een amorele en vaak vernietigende wetenschap. Zogenaamde democratische regeringen en beleidsmensen getuigen nog te veel van een corrupte graaiersmentaliteit. Op het eerste zicht staat de mensheid als collectief in zijn ontwikkeling nog ver weg van autonomie, maturiteit, verantwoordelijkheid en vrijheid. Vrijzinnigheid en vrijdenkerij blijken nog ver zoek, om nog maar te zwijgen over moraliteit. Aan de andere kant zien we in de New-Age bewegingen mensen opstaan die grote stappen zetten in hun individuatieproces. Ze getuigen meestal van een hoger bewustzijn en een beter functionerend moreel kompas. Dit bewustzijn zien we ook groeien bij "het gewone" volk, wat eerder intuïtief en gevoelsmatig reageert. In mijn praktijk ontmoet ik mensen met een goed hart, die de weg kwijt zijn. Vaak incarneerden ze met teveel ambitie, in te duistere bloedlijnen. Als zij erin slagen om hun zware scripts te transformeren, nemen ze een groot stuk van het collectief mee in hun ontwikkelingsweg. En velen zijn op een relatief korte tijd erg succesvol in deze onderneming. Aldus groeit de groep van Nieuwe Tijdsmensen gestaag. Op hun beurt maken ze weer rimpels in het water en zo worden meer en meer mensen aangeraakt, die op hun beurt weer een stapje verder kunnen zetten in hun ontwikkeling. Op die manier worden beetje bij beetje de individuele en de collectieve schaduwen omgezet en de leylijnen van Moeder Aarde van hun infecterende kwaadaardigheid ontdaan.

Dat wat Steiner "De Kleine Wachter Aan De Drempel" noemt, is voor Carl Gustav Jung, "de persoonlijke schaduw". In de Jungiaanse psychologie is je schaduw dat deel van het onbewuste dat bestaat uit je verdrongen zwakheden, tekortkomingen en instincten zoals blinde woede, moordlust, egoïsme, jaloezie, schaamte, hebzucht, vraatzucht, leugenachtigheid, wrok en lust. Maar ook je onderdrukte talenten, ontoelaatbare gaven en verborgen creativiteit horen tot je schaduw. Deze verboden gevoelens stoppen we weg om een aanvaardbaar ego op te bouwen. Je ego en je schaduw ontwikkelen zich dus samen. Afhankelijk van het gezin waarin je opgroeit, de scholen die je doorloopt en de cultuur die je meekrijgt, zal je schaduw er anders uitzien. Er zijn culturen waar je bijvoorbeeld niet boos mag zijn. In een andere omgeving mag je misschien niet bang zijn en word je verondersteld om stoer te doen. Een voorname uitspraak van Jung is dan ook: "Ik heb niet de ambitie om een goed mens te zijn, wel om een volledig mens te zijn." Volgens Jung heeft iedereen een schaduw en hoe onbewuster en minder ontwikkeld je bent, des te zwarter en denser je schaduw is. De meesten van ons kennen hun schaduw niet, omdat ze hem het liefst ontkennen. Zo blijft hij verborgen en onzichtbaar. Toch komen we hem dagelijks tegen via onze projecties. Telkens als het gedrag van iemand anders je ergert of bewondering afwingt, krijg je een spiegel van je eigen schaduw voorgehouden. Wie halsstarrig zijn schaduw blijft negeren kan hem uiteindelijk ontmoeten in een verslaving, een depressie of een midlife crisis. En dan nog zullen heel wat mensen de roep uit de Hades verdoven met verslavende chemische pillen. In je menselijkheidsontwikkelingsweg kan je groeien door je eigen schaduw te erkennen, te herkennen, te assimileren en te transformeren. Zo neemt het onderdrukken van het destructieve potentieel af en komt de gevangen, positieve levensenergie vrij. Bevolkingsgroepen, volkeren of naties kunnen een collectieve schaduw hebben, die ze projecteren op een ander bevolkingsgroep, volk of natie. Het resultaat is dan racisme, het creëren van een zondebok of een vijandsbeeld, politieke propaganda, onderdrukking, terrorisme, heksenjachten, massahysterie, collectieve paranoia, koude oorlogen en oorlogsgeweld.

Conny Zweig schreef samen met Jeremiah Abrams "Ontmoeting met je schaduw" en met Steve Wolf "Omgaan met je schaduw". In deze boeken krijg je een duidelijk beeld van wat een schaduw is en hoe je hem kan leren hanteren via zogenaamd schaduwwerk. Zo krijg je een aantal manieren om erachter te komen hoe je schaduw eruit ziet. Je kan anderen, je partner, je vriend, je collega, om een eerlijke recht-voor-je-raap feedback vragen. Als meerdere mensen je vertellen dat je bijv. arrogant en hooghartig overkomt, dan is dat niet prettig om te horen, maar je krijgt wel een beeld, waar je iets mee kan. De tweede manier om in contact te komen met je persoonlijke schaduw is door je projecties te bekijken. Je kan een lijst maken van alle eigenschappen die je bij anderen afkeurt, zoals domheid, hebzucht, traagheid, nonchalance, enzovoorts. Dan pik je er die eigenschappen uit die je echt met walg vervullen en deze geven je waarschijnlijk een vrij goed beeld van je eigen persoonlijke schaduw. Dezelfde oefening kan je doen met alle goede eigenschappen die je bij anderen zo bewondert. Als je verliefd bent kan je je positieve schaduw-elementen leren kennen door al het mooie wat je in je partner ziet. De derde manier is die waarin je je versprekingen en vergaloppingen bestudeert. Je hoort bijv. jezelf iemand feliciteren op een cynische manier, of je maakt iets belachelijk wat de ander voornaam of leuk vindt. Je kan ook kijken naar het gedrag wat je bij anderen uitlokt. Opdringerige mannen komen maar al te vaak af op flirterige vrouwen. Een andere manier om aan schaduwwerk te doen is om te kijken hoe je omgaat met humor. Mensen die hun schaduw erg onderdrukken kunnen met heel weinig zaken lachen. Verder leren we onszelf kennen aan wat we grappig vinden en waarmee we het uitgieren. De sport waarvan je houdt en de manier waarop je supportert bij een voetbalmatch of een bokswedstrijd kan ook iets zeggen over hoe gewelddadig je schaduw is. Lichamelijke symptomen en ziektebeelden onthullen eveneens je schaduwkanten. Meer kan je hierover lezen in "De zin van ziek zijn" geschreven door Rudiger Dahlke en Thorwald Dethlefsen. Verder kan je je dromen, dagdromen en fantasieën onder de loep nemen. De schaduw duikt in onze dromen vaak op als een angstaanjagende figuur. Het is goed om deze figuur te analyseren en te kijken wat ze doet en zegt. Zo ook kunnen we dat wat we plannen, dromen en denken in onze fantasieën van dichtbij bekijken. Welke zijn de antwoorden die je geeft aan die bullebak van een leidinggevende. Hoe beraam je de moord op je oneerlijke huisbaas en wat wil je je opdringerige schoonmoeder aandoen? Wat zijn je projecten als je EuroMillions zou winnen? Hoe zou je regeren als je een omnipotent despoot was? Wat zijn de scenario's van je wildste fantasieën en je natste dromen en welke hoofdrollen speel je hierin?

De New-Age bewegingen liggen me nauw aan het hart en al mijn hoop is er op gevestigd dat zij die er deel van uitmaken, de nakende collectieve individuatie-fase aan onze mensenwereld zullen schenken. Doch ook de leden van deze bewegingen hebben, zoals ik in mijn vorige werken reeds aangaf, een heel eigen schaduw. Al te vaak leggen ze op een naïeve en zweverige manier hun lot in handen van een goeroe, waarop ze min of meer verliefd zijn en waarop ze hun talenten en creativiteit projecteren. Aldus worden ze symbiotische volgelingen, die mediteren, imagineren, spelen met gedachten-krachten en enkel bezig zijn met (apen)liefde en (pseudo)licht. De goeroes tuimelen vroeg of laat van hun voetstuk en worden dan omwille van hun al te menselijke tekortkomingen aan de kaak gesteld. Ze zijn te dikwijls uit op macht, geld en /of overdadige seks met de – liefst jongere - vrouwen van de club. Als het misbruik van de leider aan het licht komt, zullen de volgelingen (liefst in therapie) hun scrip transformerende rouwprocessen moeten ondergaan en opgroeien naar vrije, autonome, mature en verantwoordelijke individualiteiten, die vrijheid geenszins verwarren met vrijblijvendheid. Dat is al bij al een goede zaak. Wie zich op het spirituele pad begeeft komt onvermijdelijk oog in oog te staan met zijn duistere kant. Want wie de waarheid zoekt komt vroeg of laat terecht in zijn hellevaart naar de Hades en terug, vooraleer hij het heldere witte licht mag aanschouwen. Wie niet de moed heeft om deze weg in de juiste volgorde af te leggen, trekt zijn witte mantel aan boven de bruine, en "vergeet" aldus om zijn bruine mantel eerst af te leggen. Wat mensen die bezig zijn met spiritualiteit dienen te begrijpen is dat de zoektocht naar verlichting dient vervangen te worden door de ontwikkelingsweg naar verantwoordelijkheid, volwassenheid, vrijheid en zelfstandigheid (individuatie) en dat is een eenzame weg vol hindernissen en struikelblokken. Want de werkelijke wereldse hervormingen beginnen bij ieder van ons. Een wijze Oosterse monnik verkondigde reeds dat als we de wereld willen veranderen we onze game-boy opzij moeten leggen, een baan moeten zoeken en de stoep voor ons eigen huis schoon moeten vegen. Elk van ons dient te aanvaarden dat er Kwaad in ons zit, omwille van het simpele feit dat we mens zijn en een ego hebben opgebouwd. Groei en ontwikkeling zit er hem in dat we het Kwaad in ons kunnen assimileren en transformeren met (eigen)-liefde en (zelf)-bewustzijn. En meer kunnen we niet doen.

Dat neemt natuurlijk niet weg dat we opgescheept zijn met politieke en economische leiders die een immense schaduw ten toon spreiden. Ook zij zijn onze spiegels, want een volk heeft die leiders die ze verdient. Onderzoekers zeggen dat dertig procent van hen psychopathisch gedrag vertoont, te zeggen zonder empathie en zonder moraliteit. Verder stellen we bij hen een soort van één-dimensionaal "denken" vast, waarbij enkel rekening gehouden wordt met het eerste gevolg van hun besluitvorming, wat alles behalve proactief is en waarbij het totale plaatje nooit wordt overzien. Zoals we in de boeken van Zweig kunnen lezen en wat we zonder meer kunnen vaststellen, is dat ze zich verdedigen met de schilden van macht, seks, geld en/ of verslaving. Deze figuren zoeken compensatie voor hun gevoelens van minderwaardigheid, incompetentie, zwakte, machteloosheid en de overtuiging dat ze geen bestaansrecht hebben (besta niet-injunctie). Ze onderdrukken al deze vervelende gevoelens en gaan op zoek naar functies waarin ze hun ego kunnen voeden met het uitoefenen van macht en controle als een soort van verslaving. We vinden ze terug in alle geledingen van de maatschappij waar je macht kan misbruiken. We kennen allemaal zulke teamleiders, leerkrachten en politieagentjes, om nog maar te zwijgen over bepaalde regerende potentaten die zich gedragen als omnipotente monarchen via status, autoriteit en roem. Waarmee ik natuurlijk niet wil zeggen dat er geen leerkrachten zijn met een eerlijke missie en politieagenten met een groot gevoel voor rechtvaardigheid. Deze laatsten gebruiken hun macht op een eerlijke en authentieke wijze om te bekrachtigen en in goede banen te leiden.

We zien verder vaak dat niet authentieke macht hand in hand gaat met seks, en dan liefst met pedofiele seks. In België hadden we de geruchten over de befaamde roze balletten, waaraan eind jaren zeventig zeer hooggeplaatste lieden waaronder onze voormalige koning en leden van de geheime diensten zouden hebben deelgenomen. Deze drugs- en seks-feesten, waarbij minderjarigen (uit weeshuizen en heropvoedingsgestichten) werden ten tonele gevoerd en misbruikt, werden in verband gebracht met de nooit opgeloste moorden van de bende van Nijvel en de zaak Dutroux. De hele affaire, waarvan we vermoeden dat de onderzoekers de marionetten van de hooggeplaatste "feestvierders" waren, is uiteindelijk in de jaren tachtig afgedaan als linkse propagandistische oproerkraaierij om vervolgens finaal in de doofpot te belanden. Seks en vooral perverse seks of seks met minderjarigen kan net als macht gebruikt worden om zich te verdedigen tegen gevoelens van geïsoleerdheid, onmacht of onaantrekkelijkheid. Je kan er je angst voor intimiteit en kwetsbaarheid mee maskeren, terwijl je je jong en machtig voelt.

Geld biedt ook legio mogelijkheden om een zwak zelfbeeld en een gebrek aan eigenwaarde op te vijzelen. Geld en wat je ermee kan kopen, voedt het ego en blaast het verder op. Een verslaving aan macht, geld en perverse seks, kan verder ook nog gepaard gaan met een verslaving aan whisky, coke of heroïne. En zo maken we de cirkel rond, als we terugkeren naar de "schaduwregeringen" van de met Anunnaki-genen besmette machtspotentaten die lid zijn van de illustere loges der Illuminati of het Wereld Management Team. We weten niet of dat allemaal waar is, maar de waarheid bevindt zich ergens in het veld tussen non-fictie en fantasie. Ik kan voor me zelf wel vaststellen dat we te vaak te maken hebben met ziekelijke leiders, die gretig misbruik maken van de hierboven beschreven schilden en die het leven van de grote massa's van mensen over de hele wereld alleen maar armer en ellendiger maken, terwijl de aarde verder vervuilt en diersoorten met uitsterven worden bedreigd. Nochtans is het enige wat elk van ons kan doen, aan de slag gaan met zijn eigen schaduw-elementen. Elk van ons heeft de plicht om via script-transformatie te groeien naar zijn authentieke zelf en te worden wie hij in wezen altijd al was: een vrije, mature en zelfstandige Mens. Misschien kunnen we troost putten uit het feit dat tegenslag en ellende de obstakels zijn die door het leven zelf geschonken worden opdat we zouden groeien naar een wakkerder en hoger bewustzijn.

Het schaduw-o-gram

In "Kwantum Transactionele Analyse en Spiritualiteit", heb ik het over vier gezonde profielen en acht pathologische profielen. Ik leg daarin uit hoe deze profielen op een gezonde manier tot stand komen, wat ze ziek maakt en hoe je ze kan transformeren. Mijn uitgangspunten zijn Taibi Khaler's concepten van procescommunicatie en de ontwikkelingspsychologie van Pamela Levin. Begrippen als vegetatief systeem, orthosympathicus, parasympaticus, overleven, vechten of vluchten, trauma-kramp of freeze respons worden er haarfijn uitgelegd alsook de script-boodschappen uit de transactionele analyse, te weten, permissies, opjagers en stoppers of injuncties. In "Kwantum Transactionele Analyse en de Nieuwe Tijd", breng ik deze profielen in verband met DISC en Sociale Stijlen. Deze laatste zijn concepten die vaak gebruikt worden in opleidingen rond leadership en sales. Hier wens ik de schaduwkanten van elk profiel te belichten, zowel individueel als collectief.

Orthosympaticus: overleven, vechten of vluchten, overdrive, vlug-vlug

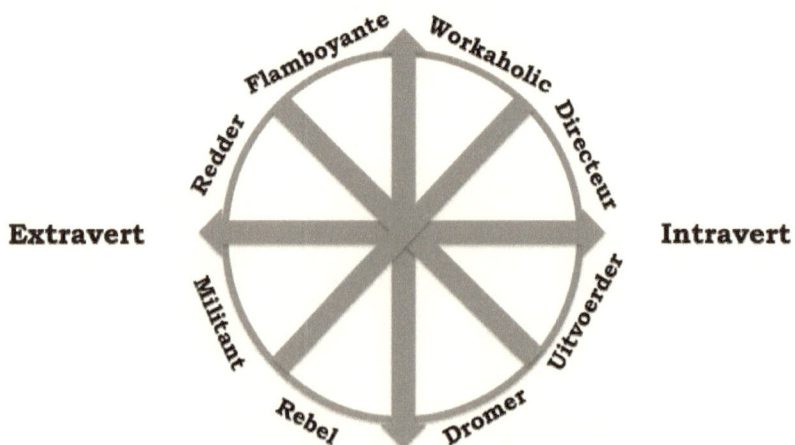

Parasympaticus, traumakramp, inertie, traag-traag

Dit is een voorbeeld van een schaduw-o-gram. Ieder kan voor zichzelf een schaduw-o-gram maken, waarbij je je schaduwkanten in de juiste proporties inkleurt. Je kan aan je naasten feedback vragen. Dan vergelijk je deze schaduw-o-grammen met elkaar, terwijl je erop toeziet in hoeverre ze kloppen met de perceptie die je hebt van jezelf. De Redder en de Dromer zijn je symbiotische schaduwkanten. Ze leveren de obstakels waarmee je pad naar autonomie is bezaaid. De Flamboyante en de Rebel hebben te maken met schaduw-stukken die je tijdens de separatie-fase hebt opgedaan. Ze saboteren de ware Ondernemer in jezelf.

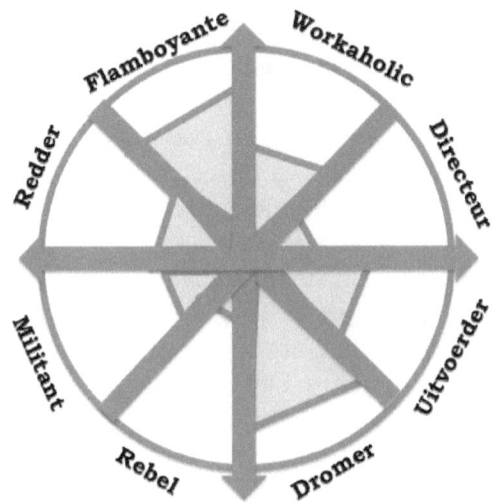

De Workaholic en de Uitvoerder ontwikkelen zich in een verkeerd gelopen integratiefase en zitten de Vrijdenker, die aan fenomenologisch vrij onderzoek doet, in de weg. De Directeur en de Militant verhinderen je individuatieproces, omdat ze opleggend, fundamentalistisch en/ of sektarisch zijn. De Redder en de Dromer ontstaan uit een gebrek aan bestaansrecht. De "wees er niet" injunctie werd waarschijnlijk non-verbaal doorgegeven in de eerste zes levensmaanden. In de zogenaamde hoog ontwikkelde Westerse wereld, worden de meeste baby'tjes slecht geboren, in koude hospitalen, onder begeleiding van autoritaire artsen zonder empathie. Moeders worden niet met liefdevol geduld begeleid en worden "verlost" met de hulp van medicatie (inleiden, epidurale,...) want het hele geboorteproces moet snel en clean worden afgehandeld. Verder is er de misvatting dat kinderen onder de drie jaar toch niets weten en zich niets kunnen herinneren. Het limbisch systeem, het cel-geheugen en de werking van het onbewuste worden totaal miskend. In deze collectieve schaduw van de medische wereld, wordt de eerste aanzet tot het schrijven van een dramatisch script reeds gegeven.

Frédérick Leboyer (1918-2017), de gynaecoloog-dichter, is de bedenker van de zachte geboorte. Hij beschikte over een gezonde dosis empathie en leefde zich in de ervaring van het geboren worden in. Hij beschrijft de overgang van het ene referentiekader (de baarmoeder) naar het andere (3D) en hoe je deze traumatische en schokkende gebeurtenis kan verzachten. Baby komt namelijk van het donker terecht in fel licht, van water in lucht, van warmte in kou, van stilte in lawaai, van niet zwaartekracht in zwaartekracht, van niet ademen en zuurstof krijgen via de navelstreng naar ademen. Volgens de methode Leboyer laat je je baby'tje geboren worden in stilte en met gedempt licht, zodat zijn netvliesjes niet verbranden en je kindje geen zes weken blind is totdat het netvlies zich heeft hersteld. Na de geboorte leg je baby bij mama op de buik, onder een zacht dekentje zodat beiden tot rust komen, na de geleverde zware inspanningen. Je laat de navelstreng intact totdat die uitgeklopt is en baby'tje op zijn eigen ritme gaat ademen want als de longetjes voor het eerst gevuld worden met lucht geeft dat een pijnlijk, branderig gevoel. Dan doe je baby in een badje, zodat hij opnieuw het heerlijke, warme water kan voelen. Door hem een paar keer in het water te dompelen en op te tillen, leer je hem om de overgang van niet zwaartekracht naar zwaartekracht op een trage en zachte manier te maken. Leboyer schreef "Geboren worden zonder pijn" en heeft de Ayurvedische, Indische babymassage in het Westen geïntroduceerd.

Als baby ruw ter wereld komt, de navelstreng te vlug wordt doorgeknipt, baby te snel bij moeder wordt weg genomen en als een dood ding, zonder gevoel, gewassen, gewogen, gemeten, ingeënt, gehieleprikt en aangekleed wordt, om dan eenzaam in een bedje te worden weg gelegd, dan wordt de parasympaticus (het rust-inducerende en helende deel van het vegetatief systeem) beschadigd. Te vaak wordt er uit gemakzucht chemische flessen-voeding gegeven en moet baby leren om zonder eten de nacht door te komen. Baby's moeten te snel naar de kinderopvang omdat mama moet werken, want mensen verdienen nog maar halve lonen en huisvesting is veel te duur. In dergelijke stressie omstandigheden blijven gezinnen vaak niet lang duren. Kinderen worden slachtoffer van echtscheidingen, co-ouderschap en nieuw samengestelde gezinnen. Snel komen ze terecht in overvolle kleuterklassen met te vaak verkeerd opgeleid, ongemotiveerd en onbewust personeel. Deze traumatische omstandigheden kunnen leiden naar het ontstaan van de schaduwelementen Redder en/ of Dromer.

De extraverte door de orthosympaticus aangestuurde Redders zijn voortdurend bezig met iedereen ongevraagd te helpen, te adviseren en te verzorgen. Ze zijn opdringerig, bemoeizuchtig en betuttelend. Ze omringen zich met onvolwassen figuren waarmee ze co-afhankelijke, symbiotische relaties aangaan. Redders floreren in de omgeving van Slachtoffers. Eigenlijk zijn dat twee kanten van dezelfde medaille. Redders komen naar buiten, zijn extravert en nemen het initiatief. De vroege trauma's verwekken een voortdurend opgejaagd, knagend en onrustig gevoel ter hoogte van de plexus solaris. Dat is de derde chakra en de zetel van de persoonlijkheid. Deze innerlijke strijd moet dringend onderdrukt worden en het constant Redden voor erkenning brengt soelaas. Redders redden om te overleven. Redders houden je klein en afhankelijk om zelf groot te zijn en hun innerlijke agonie niet te moeten voelen. Hun zelfbeeld en eigenwaarde staan op een laag pitje en ze hunkeren naar waardering, om hun ego mee te voeden. Redders laten zich niet afwijzen. Als je ze afwijst worden ze kwaad, induceren ze schuld en dreigen ze om nooit meer iets voor je te doen. Afgewezen Redders vervolgen, en voor elke eenheid dat ze redden, zullen ze een eenheid vervolgen. Redders herken je aan uitspraken als "stank voor dank" en "wat ik daar allemaal voor heb gedaan". Ze vinden grootsheid in hun opofferingsgezindheid. Maar vergis je niet. Ze geven niet onvoorwaardelijk. Ze geven om macht over je te krijgen, om je in schuld te zetten en om te manipuleren. We zouden voor het gemak het reddersarchetype "Moeder Teresa" kunnen noemen. We kennen Moeder Teresa (1910-1997) als de heilig verklaarde nobelprijs-winnares voor de vrede, die zich in Calcutta inzette voor de ontelbare zieke en stervende daklozen, zwervende kinderen, wezen, hongerigen en leprozen. Haar strijd tegen armoede en het nobele werk wat ze in Indië verrichtte geven haar een aura van pure goedheid, maar hoe heilig was ze echt? De Canadese onderzoekers Dr. Serge Larivie en Dr. Geneviece Chenard alsook de Amerikaans-Britse Journalist Christopher Hitchens brachten dubieuze praktijken aan het licht. Volgens hen zijn haar verdachte politieke connecties, de bizarre geldstromen en haar conservatieve, fundamentalistische standpunten inzake abortus, contraceptie en echtscheiding een smet op haar heilige blazoen. Haar missiewerk hield veel pijn en lijden in, want dat had Jezus Christus ons voorgedaan. Ondanks het feit dat de Missionaries of Charity tot de meest kapitaalkrachtige kloosterordes ter wereld hoorden, met miljarden op hun bankrekeningen, bleef Moeder Teresa hardnekkig "soberheid" prediken en werden de allerarmsten een minimum aan goede zorgen ontzegd. Ze was erg gul met gebeden, maar financiële hulp bleef steeds uit. Peter Taylor die tien jaar als vrijwilliger in een kinderopvanghuis te

Bombay werkte, spreekt ronduit van verwaarlozing. Dr. Robin Fox, die de ziekenhuizen van Moeder Teresa te Calcutta bezocht toonde zich geschokt omdat de meerderheid der zieken verzorgd werden door nonnen die daar geen enkele opleiding voor kregen, want bidden is tenslotte het beste medicijn. Mary Loudon, die als vrijwilligster werkte in het Home for the dying te Calcutta maakt associaties met de concentratiekampen. Kaalgeschoren patiënten liggen te creperen op veldbedden en krijgen hoogstens een aspirientje tegen de pijn. Jonge mensen die met antibiotica hadden kunnen worden geholpen, lagen er gewoon te sterven. De voorgeschreven eenvoud werd tot in het absurde doorgevoerd want Moeder Theresa geloofde heilig in het louterend effect van lijden. Behalve natuurlijk toen ze zelf ziek werd, want dan koos ze voor ziekenhuizen in Californië, waar ze met de beste zorgen werd omringd. Schijnheiligheid is dan ook een voornaam kenmerk van het Redders-archetype. Moeder Teresa is vooral bezig geweest met het voeden van haar eigen ego en het imago van de katholieke Kerk.

Dromers zijn daarentegen meer teruggetrokken, introvert, traag en inert. Ze toeven nog steeds in de door de parasympaticus geïnduceerde trauma-kramp en raken niet vooruit. Ze houden van fantaseren over een betere wereld, lopen voortdurend te dagdromen met hun hoofd in de wolken en leven in een eigen gefabriceerde sprookjeswereld, die ze soms waarachtiger vinden dan de dagdagelijkse realiteit. Het wordt nog gevaarlijker als ze op zoek gaan naar psychedelische en geestes-verruimende avonturen onder invloed van hallucinogene drugs zoals LSD. Dan krijgen ze Kafkaëske 'Alice in Wonderland' ervaringen en op den duur kunnen ze 4D niet meer onderscheiden van 3D. Je zou kunnen zeggen dat de Dromer 4D verkiest boven 3D en dat hij daar erg ver in kan gaan. 3D maakt hem ongelukkig. Hij wil niet incarneren. Hij wil hier niet zijn. Hij verlangt naar de voorgeboortelijke gelukzaligheid en prefereert een leven tussen eenhoorns en engelen, ver weg, onder de regenboog. De Dromer is geneigd om zich uit de wereld terug te trekken. Hij wordt een kluizenaar of een heremiet, die zich vestigt op een eiland of in een bos, op den buiten, tussen zijn schapen en zijn paarden. Misschien gaat hij deel uitmaken van een kloosterorde, waar hij veel tijd doorbrengt met bidden, chanten en mediteren. In elk geval is de Dromer wars van het in vrijheid keuzes maken en verantwoordelijkheid nemen. Hij wil onder geen beding volwassen worden en een functie met verplichtingen bekleden in de grote-mensen-wereld. Het liefste wordt hij onderhouden terwijl hij alleen in zijn kamertje, gedichten schrijft over een onbeantwoorde liefde, een symfonie componeert of in zijn atelier prutst aan een sprookjesachtig schilderij of een beeld-houwwerk. Heel wat bekende kunstenaars, schilders, song schrij-vers en zangers hebben inspiratie geput uit het archetype van de Dromer en hebben op deze manier dit schaduwonderdeel kunnen assimileren en transformeren. Velen echter zijn aan de drugs en de drank ten onder gegaan. Ze hebben hun talenten verkwanseld en zijn geëindigd in de diepste krochten van de Hades.

Over symbiotische volkeren, naties en collectiviteiten heb ik in vorige werken reeds uitgebreid geschreven. Het gaat om samenle-vingen waar mensen klein en afhankelijk worden gehouden en aan een omnipotente leider onvoorwaardelijke gehoorzaamheid verschuldigd zijn. Of ze maken netwerken van wederzijdse afhan-kelijkheid waar mensen elkaar voortdurend in schuld zetten, slachtofferen en redden. Het gaat om sektes, geloofs-instituten, misdaadorganisaties, allerhande loges, straatbendes, fascistische staten, bedrijven die een zogenaamd familiegevoel promoten, en-zovoort. Symbiotische samenlevingen kenmerken zich erg vaak door een hoge mate van armoede, corruptie, fundamentalisme, controle en geweld. Het gaat meestal om paternalistische en pa-triarchale gemeenschappen waar vrouwen en kinderen gediscri-mineerd, uitgesloten en onderdrukt worden. Een ander kenmerk is dat Kerk en Staat meestal niet erg strikt gescheiden zijn en dat er een straffende en belonende soort pig-parent-godheid, die on-voorwaardelijke onderworpenheid vereist, wordt aanbeden.

De Flamboyante en de Rebel zijn schaduw-archetypen die ont-staan wanneer er zaken mislopen gedurende de separatie- fase. De hulpeloze baby verandert in een zelfstandige en nieuwsgierige dreumes, die doorheen het huis op verkenningstocht gaat. Hij doet vooral beroep op zijn zintuigen. Hij exploreert volop nieuwe referentiekaders, terwijl hij van het ene interessante object naar het andere kruipt. Zijn aandacht is gefocust en kort. Hij luistert, tast, kijkt, proeft en ruikt aan alles wat er in zijn gezichtsveld komt. Al kruipend ontwikkelt hij zijn wervelkolom en zijn moto-riek terwijl zijn spieren sterker worden. De peuter heeft ruimte nodig in een veilige omgeving met zintuig-prikkelend speelgoed. Als hij te weinig bewegingsvrijheid krijgt en opgesloten wordt in een box van een vierkante meter achter tralies, kan hij zich niet voldoende ontwikkelen. Aan de andere kant geeft te weinig protec-tie veel kans op ongevallen en pijn. Peuters kunnen met hun vin-gers tussen schuiven en deuren terecht komen, van een trap of van een andere hoogte waar ze zijn opgeklauterd vallen, of zich verbranden aan de kachel. Alle goesting om andere referentieka-ders te verkennen en succesvol te ondernemen, wordt aldus gesmoord in de kiem. De "doe niet" en "slaag niet" injunctie worden non-verbaal doorgegeven en alle opwinding zal vanaf nu gehaald worden uit gedrag dat geïnspireerd wordt door de schaduw. Een banaal "doe-je-best" script spreidt zich ten toon.

De Flamboyante en de Rebel zijn beiden sociaal en extravert. Als verwaarloosde kinderen schreeuwen ze om erkenning en lokken door hun gedrag vaak negatieve aandacht uit. En dat geeft hun de opwinding waaraan ze verslaafd zijn. De Flamboyante wil voortdurend opvallen, in de kijker staan en alle aandacht naar zich toe trekken. Hij is de tafelspringer, de stand-up comedian, de druktemaker die altijd in de weer is. Hij valt op door zijn kleurrijke non-conventionele kledij, zijn eeuwige grappenmakerij en zijn hyper-kinetisch bezig zijn, zonder dat het ook maar enige zode aan de dijk brengt. Leven is spelen en plezier maken, kost wat kost. Hij wordt aangedreven door zijn ortho-sympathicus. Hij overleeft door druk en belangrijk te doen, terwijl hij enkel bezig is met brandjes blussen die hijzelf heeft veroorzaakt. Zijn ondoordachte en weinig doelgerichte ondernemingen lopen uit op een sisser, want hij is reactief. Hij improviseert, ziet waar hij uitkomt en improviseert opnieuw. Zijn overdosis aan creativiteit vangt bot op zijn multi tasking en polychronie want hij is met teveel ondernemingen tegelijk bezig en werkt niets terdege af. Altijd maar hetzelfde doen werkt geenszins stimulerend. Hij zoekt uitdagingen die de adrenaline opdrijven. In uiterste nood gaat hij voor de ultieme adrenaline-kick. Hij bengelt dan op de rand tussen leven en dood terwijl hij met zijn blitse auto te snel rijdt, een te hoge berg beklimt, in te wild water raft, te diep benji jumpt of te veel coke snuift. Alles moet "te" zijn of hij gaat zich vervelen. Hij zoekt de highlights en neemt de dieptepunten erbij. Onvermoeibaar rollercoast hij als een kip zonder kop door het leven, tegen 200km per uur met al zijn remmen op. En nooit bereikt hij de eindbestemming. James Dean (1931-1955) benadert misschien de karikatuur van de schaduw van de Flamboyante het meest. Hij reed zich aan een hoge snelheid te pletter met zijn Porsche 550. Hij was 24 jaar oud.

De Rebel is rustiger, hij reageert op een inerte en luie manier, want de parasympaticus staat aan het stuur. Hij zet zich af. Hij remt af wat in flow is. Hij komt te laat en laat iedereen wachten. Zijn werk is nooit op tijd klaar, zodat anderen niet verder kunnen. Hij stropt op en hij houdt tegen. Hij ontmoedigt het enthousiasme. Hij zet er de domper op. Hij kijkt zwart en is ontevreden met wat hij heeft. Hij zegt "nee" om "nee" te zeggen. Hij is de eeuwige dwarsligger, de tegenstribbelaar, de saboteur en de passieve agressieveling. En hij heeft daar een duivels genoegen in. Hij speelt "kick me" en "idioot" en "schlemiel". Hij zet je graag op de kast. Hij maakt je boos, zodat jij zijn onderdrukte woede uit, en dan ben jij de slechte terwijl hij heimelijk grijnst in zijn baard. Hij is een achterbakse pestkop. Het eeuwige jennende kind. Zijn humor is zwartgallig, gortig en er te ver over. Hij is de onvolwassen charlatan, die weigert zijn plichten te vervullen en zijn verantwoordelijkheid te nemen. Als hij kan zal hij je voor zijn karretje spannen, je laten trekken dat het een lust en een leven is en dan zal hij met een sardonisch genoegen al zijn remmen opzetten en je mee de dieperik in sleuren. Hij is de partner die zijn huis vergokt, zodat zijn gezin op straat komt te staan. Hij is de persoon van twaalf stielen en dertien ongelukken, die nooit financiële verantwoordelijkheid neemt. Hij is de klusser die niets afwerkt en zijn gezin in de kou, het vuil en de schimmels laat leven. Het liefst leeft hij als werkloze of invalide van sociale kassen. Hij bereikt nooit zijn eindbestemming, omdat hij nog niet eens de moeite doet om te vertrekken. Aan de startblokken heeft hij immers een gloeiende hekel.

De Flamboyante en de Rebel, scheiden zich af van het collectief. Ze plaatsen zich buiten de groep en doen de dingen op hun eigen eigenzinnige manier. Toch zoeken ze naar de aandacht (positief of negatief) van de anderen. Ze zijn geenszins autonoom, volwassen en vrij. Ze willen gezien en erkend worden of afgekeurd en uitgespuwd. En dat maakt hen afhankelijk. Separatie is de eerste stap naar vrijheid en volwassenheid, doch het is nooit de bedoeling dat we in deze ontwikkelingsfase blijven steken.

Op het collectieve vlak spreken we van separatistische bewegingen of afscheidingsbewegingen. We vinden ze bijvoorbeeld terug in de Vlaamse bewegingen, die streden voor scholing in de eigen taal zoals "Leuven Vlaams". België is een mooi voorbeeld van een separatistische en verzuilde staat. In 1830 scheurden de Zuidelijke Nederlanden (België) zich af van de Noordelijke Nederlanden. Snel na de afscheiding was er binnen de Vlaamse beweging een stroming die zich terug met Nederland wilde verenigen. Verder heb je het katholieke blok tegen het vrijzinnige blok, met een vrij onderwijs en een gemeenschapsonderwijs. Er is het Waalse blok tegen het Vlaamse blok. We hebben een Brussel, hoofdstedelijk gewest (je moet er maar opkomen). Al die gemeenschappen hebben eigen regels en wetten, een eigen taal en een eigen cultuur (script). De polarisatie tussen nieuwe Belgen en autochtone Belgen wordt steeds groter. Verder denken we aan Engeland met Noord Ierland (I.R.A.), Spanje met Catalonië, Galicië en Baskenland (E.T.A.) en

Duitsland met Beieren. De Koerden willen ook een eigen staat: Koerdistan. Amerika kende zijn secessieoorlog, waarbij het Zuiden zich wilde afscheuren en de slavernij in stand houden. Nadat Indië onafhankelijk werd, scheidde het Islamitische Pakistan zich af. Het gaat meestal om volkeren die zich willen ontvoogden en een eigen staat of gemeenschap willen oprichten waar hun eigen volksaard, cultuur, taal en overtuigingen gerespecteerd worden. Vaak gaat het om volkeren die zich afscheiden om dan opnieuw in symbiose te vervallen.

Tot hiertoe hebben we de getraumatiseerde en onvolwassen "voelers" besproken. Het gaat om archetypische schaduwen die in contact zijn met hun gevoel en zich laten leiden door hun beleving van machteloosheid, leegte, verlatenheid, innerlijke strijd, angst, kleinheid, ontoereikendheid enzovoort. Ze wringen zich in onmogelijke bochten om eraan te ontsnappen, echter zonder succes. Nu komen de "denkers" met een "denk niet" en een "voel niet" aan de beurt. Deep down kampen ze met dezelfde frustraties, maar die worden ver weg gestopt, ontkend en verdrongen. Het gedrag wat hieruit voorkomt is op zijn minst gezegd, even bizar.

In de integratiefase ontwikkelt zich het denken. In transactionele analyse spreken we van de Volwassene, die zich bevindt in de frontale cortex (de mensen-hersenen). Kinderen willen het nieuwe referentiekader van 3D leren begrijpen en ze stellen honderd vragen over dingen die ze in hun omgeving opmerken. Hier is het voornaam dat ze bruikbare referentiekaders aangeboden krijgen en dat door vraagstelling het denken wordt aangescherpt. Het is een goede zaak dat de concepten van ervaringsleren en inductief onderwijs in de leerplannen doorsijpelen. Het gaat om methoden die meer dan honderd jaar geleden werden geïnduceerd door figuren als Rudolf Steiner (1861-1925), Maria Montessori (1870-1952) en Célestin Freinet (1896-1966). Maar helaas, in de Westerse wereld die in een collectieve pathologische integratiefase verkeert, wordt "denken" te vaak een aanname, opgelegd door empirici, met een geloof in een objectieve wetenschap, zonder moraal. Deze manieren van "denken" ontwikkelden zich tijdens de Verlichting van de 17de eeuw met filosofen als Bacon, Locke en Hume. Meer kan je hierover lezen in "Kwantum Transactionele Analyse en de Oude Tijd". De excessen van maatschappijen in een ziekelijke integratiefase zijn in mijn eerder werk uitvoerig beschreven. Ze kenmerken zich namelijk door min of meer corrupte democratieën die vooral het privébezit van de rijken beschermen en die door een gebrek aan denken (denk niet) en door armoede-bewustzijn, volop bezig zijn met het creëren van tekorten, ook in Europa. De tendens is dat de rijken rijker worden en de armen armer. Deze corrupte democratieën vinden het niet nodig om dit door het maken van op humanisme gebaseerde wetten tegen te gaan. De samenlevingen die gebaseerd zijn op deze pathologische integratie, met een geloof in een amorele wetenschap en handelend vanuit een ronduit corrupte graaier-mentaliteit zijn dan ook zienderogen aan het aftakelen en dit is het gevolg van het zelfvernietigende script van het kapitalisme.

Maar nu even terug naar de individuele anomalieën, namelijk die van de Workaholic en de Uitvoerder. De inductieve leermethoden staan tegenwoordig op papier, maar zijn nog lang niet doorgesijpeld in de dagdagelijkse praktijken van het onderwijs, waar programma's van hogerhand worden opgelegd en waarvan de inhoud moet worden gestudeerd, en gereproduceerd, voor het halen van de nodige diploma's en getuigschriften. De leerstof waarop we worden afgerekend, stamt uit de oude Baconiaanse, Cartesiaanse, Darwinistische paradigma's. Ze is ronduit verouderd en ze mag zeker niet in vraag worden gesteld. Een geschiedenis die geschreven is door patriarchale overwinnaars, een biologie die gevestigd is op de Darwinistische survival van de fittest ethiek, een aardrijkskunde die er niet toe doet, rekensommen die losstaan van de realiteit en een taal die berust op verouderde conventies, moeten de hoofden van onze kinderen vol steken met materie die nergens op slaat. Later kiezen ze een vak, de algemene-brede-kennis-vakken verdwijnen uit de programma's en vakidioten worden gevormd. Algemene kennis wordt vanaf nu gehaald uit de manipulerende media, met de sensatiepers voorop. Het gaat om halve waarheden, uit hun verband gerukte beelden, eenzijdige standpunten, en het afleiden van onze aandacht van dat wat we echt niet mogen weten. Onze intenties, en percepties worden gekneed en gevormd via nieuwsberichten, films, internet, games, reclame, enzovoort. En zo komen we terug bij de eerdere hoofdstukken over massa-manipulatie en mind-controle en de collectieve "denk niet" en "weet niet" waarmee we dit boek zijn gestart.

De eerder introverte Workaholic, is een denker met een "denk niet". Hij kent zijn beperkte en beperkende referentiekaders perfect en tot in de kleinste details. Hij is een vakidioot van formaat en stelt verder niets in vraag. De Workaholic wordt aangestuurd door de orthosympaticus en hij gaat door totdat alles perfect is. Want "het" moet perfect zijn en "hij" moet perfect zijn. Hij is dus nooit klaar. Zichzelf bewijzen is een fulltime job waar hij 24 op 7 mee bezig is. De valse onderliggende overtuiging is: "ik mag er zijn en ik word gewaardeerd als ik perfect ben en de dingen perfect doe, want het kan altijd beter." 'Beter' wil niet zeggen humaner of met meer moraliteit, integendeel. Als dat wel zo zou zijn, dan zal zich snel een dubbele moraal ontwikkelen, waarbij men het ene zegt en het andere doet. De angsten en frustraties die deze schaduw-elementen veroorzaken worden genegeerd en onderdrukt tot in de diepste kuilen van het onderbewuste. Zoals de Redder maakt ook de Workaholic van het voeden van zijn ego een alledaagse, voltijdse bezigheid. We vinden hem vaak terug in ego-strelende beroepen met ego-strelende titels zoals minister, rechter, doctor, manager, wetenschapper, professor of chirurg. De perfectionist heeft de neiging om robotmatig te (re)ageren. Gevoel, empathie en moraliteit doen niets ter zake. Hij baseert zijn beslissingen op cijfers, statistieken en tabellen. Want dat is te hanteren en dat geeft hem houvast. Als hij ver in zijn perfectionisme doorschiet wordt hij dwangmatig en denkt hij de wereld te beheersen via een reeks van absurde rituelen die hij steeds op een perfecte manier moet herhalen. De Workaholic is geen (vrij) denker, maar een gelover. Hij gelooft in de voorbijgestreefd materialistische paradigma's en in de wetenschap. Hij bezweert de wereld met getallen, tabellen en grafieken. In een cultuur in volle pathologische integratie is hij de man met aanzien, waar iedereen naar opkijkt. Tegen de muur van zijn praktijkruimte of bureau hangen zijn ingekaderde certificaten en diploma's. Misschien staat er hier en daar nog goed zichtbaar, een foto waar hij de hand drukt van één of andere prominente figuur, want wat zijn we toch belangrijk. En hoe acuut moeten we onze belangrijkheid aan de grote klok hangen om er toch maar te mogen zijn. De perfectionistische Workaholic opereert niet vanuit de Volwassen ego-staat. Hij wordt aangestuurd door zijn onderworpen Kind, dat er kost wat kost bij wil horen via aanzien, eer en roem.

De introverte Uitvoerder steekt zijn nek minder ver uit. Hij is minder gedreven, loopt minder in de kijker en opereert een aantal echelons lager, want de parasympathicus heeft het voor het zeggen. Hij is de eerder onzichtbare ambtenaar, de rechterhand, de uitvoerder van procedures, wetten, regels en reglementen, die meestal niet het resultaat zijn van een proactief denken vanuit empathie en moraliteit. Hij ageert als een autistische bureaucraat, zonder gevoel, zonder empathie en zonder gezond verstand. Zijn lijfspreuken zijn "Dura lex, sed lex" en "bevel is bevel". Hij is de mierenneuker die functioneert vanuit het onderworpen Kind en zijn "denken" enkel inzet om de wetten en de procedures tot in de kleinste details te kennen en toe te passen op een griezelig efficiënte manier. Hij heeft waarschijnlijk een controlerende functie waar hij zijn macht kan inzetten en als een politieagent die aan almacht lijdt, tegen ieders haren in kan strijken terwijl hij zich super-belangrijk en indrukwekkend voelt. Laten we hem voor het gemak Eichman noemen.

Tenslotte komen we bij de Directeur en de Militant. Het zijn schaduwaspecten die ontstaan bij een mislukt individuatieproces. Het start reeds met de opvoeding in een maatschappij die het vrijdenken en het fenomenologisch onderzoek van kleins af aan de kop indrukt. De vrijdenker vormt immers de basis van waaruit de individualiteit zich ontplooit. In transactionele analyse spreken we van de geïntegreerde Volwassene, die zich kenmerkt door een gezonde dosis emotionele intelligentie, een goed functionerend moreel kompas en een empathisch vermogen zonder onmiddellijk te vervallen in redderschap. Een individualiteit is volwassen, vrij en autonoom. Hij ervaart, denkt, voelt en luistert naar zijn intuïties en inspiraties. De uitkomsten, overtuigingen, opinies, meningen, die hij vormt toets hij af aan andere referentiekaders, door te delen en zonder de ambitie om te overtuigen of op te leggen. Zo verbreedt hij voortdurend zijn referentiekaders en verruimt hij zijn percepties.

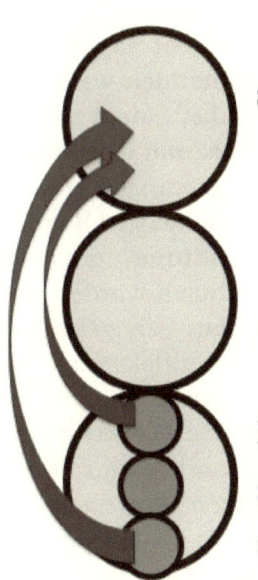

Socialisatie → Empathische → Visionair

Integratie → vrijdenker

Individuatie → visie, missie

Separatie → ondernemer

Symbiose → empathie, EQ

Hierboven zie je een schema, wat laat zien hoe ego-staten zich op een gezonde manier zouden kunnen ontwikkelen.

Een gezonde ontwikkeling verloopt als volgt. Eerst ervaren we een gezonde binding met opvoeders. Uit de liefdevolle aanrakingen ontwikkelt zich een empathisch en zorgzaam persoon, die zich geenszins opdringt en die symbiose heeft getransformeerd naar socialisatie. Dan kruipen we al onderzoekend door het huis, terwijl we 3D besnuffelen. Als de omgeving veilig is en allerhande speelgoed in verschillende materialen, textuur, kleuren, geuren, smaken en geluidjes worden aangeboden, ontwikkelt zich gaandeweg een succesvol ondernemer. Vervolgens krijgen we inductief onderwijs. Leraren nodigen je, door bevraging en door je dingen te laten ervaren, uit om zelf via je eigen denken, bruikbare referentiekaders op te bouwen. Verschillende referentiekaders worden aangeboden, echter nooit opgedrongen. We leren 3D te begrijpen via fenomenologisch vrij onderzoek. In de individuatie-fase willen we in 3D dienend creëren, met moraliteit en om bij te dragen aan het groter geheel. Ik hoor in mijn omgeving mensen vaak zeggen dat ze de anderen willen helpen. Dat lijkt me een goede instelling, rekening houdend met het gegeven dat er een hulpvraag is, dat je mensen hun ontwikkelingsweg niet afpakt en dat je het tempo en de weg die mensen willen bewandelen, respecteert. Met andere woorden, je geeft nooit raad. Je zegt nooit wat mensen moeten doen. Je exploreert enkel samen de opties en de mogelijkheden.

In realiteit worden we gekneed en dienen we te voldoen aan wat anderen van ons verwachten, zodat we erbij mogen horen. Zo ontwikkelen we een soort van persona wat voldoet aan de eisen van de anderen. Door wilskracht (wees sterk) houden we dat een tijdje vol, totdat identiteitscrises de kop op steken. Maar voor het zover is houden de Directeur en de Militant vast aan van buitenaf opgelegde overtuigingen. Het gaat om opinies, meningen en denkbeelden die niet het gevolg zijn van eigen fenomenologisch vrij onderzoek. Het gaat om ideeën die via geloofsinstituten, onderwijs, opvoeding, media, en andere propagandamachines worden doorgegeven. Deze overtuigingen zijn niet meer dan een geloof, wat deel uitmaakt van beperkte en beperkende referentiekaders waartoe we onbewust worden gedwongen, terwijl een illusie van vrijheid of veiligheid wordt in stand gehouden. Deze overtuigingen kunnen met momenten zeer radicaal en gevaarlijk zijn voor de collectieve groei naar volwassenheid, te denken aan die van de Nazi's, de Ku Klux Klan, de Romeinse inquisitie, Al-Qaeda en IS. Het opleggen van overtuigingen, opinies en meningen is altijd een heikel iets en de Directeur is hierin gespecialiseerd. De Directeur heeft charisma. Hij is introvert en opereert vanuit de orthosympaticus. Enkele extreme voorbeelden zijn Napoleon, Hitler, Mussolini, Lenin en Mao. De Directeur dirigeert, geeft directie aan, wijst de weg, leidt. Hij maakt de wetten en de procedures, of hij laat ze maken door de Workaholic. Hij sleurt hele symbiotische gemeenschappen mee doorheen processen van change naar volledig nieuwe referentiekaders. Maar of deze nieuwe referentiekaders deugen en de mensen ten goede komen is een totaal andere vraag. Waarschijnlijk profiteert de geld- en machtsmachine (lees aandeelhouders) er meer van. De Directeur voedt zijn ego omdat hij baas is en anderen hem moeten volgen. Hij is de psychopathische leider, de goeroe, de führer, de omnipotente monarch, de CEO met een massa symbiotische volgelingen. Zijn overtuigingen legt hij op via propaganda (lees: marketing). En wie niet meedoet wordt vervolgd, ontslagen, gebroodroofd, gevangen gezet of vermoord. De Directeur omringt zich graag met andere "denkers" met een "denk niet", zoals de Workaholic, de Uitvoerder en de Militant. Ze kennen elkaar van in geheime genootschappen zoals de loges, waar de intelligentsia samen komen. Ze houden mekaar de hand boven het hoofd. Aan rebelse dwarsliggers heeft hij een grondige hekel. De Flamboyante is te origineel, denkt te ver outside of the box en is dus te gevaarlijk. De symbiotische Dromer maakt deel uit van zijn gevolg.

De Militant, extravert, enthousiast en met de parasympaticus aan het roer is kalmer, fungeert trager en enkele echelons lager. Hij wint zieltjes. Hij maakt deel uit van het propaganda-apparaat. Hij is diegene die met ideologieën leurt. Van deur tot deur verkoopt hij de leer van Jehova, de pensioen-spaar-verzekeringen van Hambug-Manheimer of poedertjes die je moeten helpen vermageren, want broodmager is de schoonheidsnorm. Hij is de missionaris, de vakbondsmilitant, de verkoper van stickers voor "kom op tegen kanker" of het "Rode Kruis". Hij stapt mee in de gay-parade, de Maria-processie of de 1-mei-optocht, waar hij dapper met de rode vlag zwaait. Hij wil de symbiotische meute die zich laat voorschrijven wat te geloven en hoe te handelen zo groot mogelijk maken. Hij wil horen tot een zo groot mogelijke groep van gelijkgezinden. Hij is de zendeling die verkondigt, werft, uitlegt, overtuigt, ompraat, beredeneert, argumenteert, overhaalt, manipuleert, propageert en meekrijgt. Hij verspreidt het woord. Zo overleeft hij zijn laag zelfbeeld en verwerft hij zijn bestaansrecht.

Het is interessant om de vier temperamenten uit de Griekse Oudheid in verband te brengen met de hierboven beschreven persoonlijkheidstypen alsook met die vanuit de DISC (zie Kwantum Transactionele Analyse & de Nieuwe Tijd). Het gaat om het melancholische, flegmatische, sanguinische en cholerische temperament. In deze leer der temperamenten legt Hyppocrates (ca.460 v.Chr) de vader van de westerse geneeskunde, een verband met de vier elementen: aarde, water, lucht en vuur. Verder dacht hij dat ziekte veroorzaakt werd door een onbalans van de lichaams- sappen, te weten bloed, slijm, gele gal en zwarte gal. De kalme en rustig kabbelende flegmaticus die niet veel mensen toelaat en graag droomt, wordt overheerst door slijm. Wij categoriseren hem onder symbiotisch groen. Hij wordt afgeschilderd als een vriende- lijk en diplomatisch persoon die de vrede en harmonie bewaart en er steeds op uit is om compromissen te sluiten. De eerder luchtige en vluchtige gele en charismatische sanguinicus wordt overheerst door bloed. Hij is charmant, sociaal, opgewekt en vrolijk. Maar ook vlug afgeleid, oppervlakkig met teveel interesses en in voort- durende tijdnood. Hij is te luid, te blij, te overdreven, te plezierig, te levendig en helemaal niet authentiek. De ontevreden, depres- sieve, aarde gebonden en door zwarte gal overheerste melancholi- cus, die we indelen onder blauw is ernstig, zwaarmoedig en som- ber. Hij houdt het overzicht, heeft een uitstekend geheugen en denkt goed en veel na, want hij wil de dingen begrijpen. Hij is een nauwgezet planner en organisator. Hij houdt van perfectie en de- tails, wat maakt dat hij nooit tevreden is met zichzelf en anderen. Hij wikt en weegt en neemt geen beslissingen. En hoewel hij erg inventief kan zijn en mooie gedichten kan schrijven, valt hij ten prooi aan tragedie en martelaarschap. De door gele gal aange- stuurde, vuurrode, actieve, gepassioneerde en opvliegende chole- ricus jaagt met de vasthoudendheid van een pitbull zijn ambitieu- ze doelstellingen na. Als een effectief en efficiënt strateeg neemt hij de leiding en is gefocust op de toekomst. Hij is de zelfverzeker- de motivator die goed kan delegeren. Zijn ongeduldige, agressieve, ruwe en tactloze argumentaties moet je erbij nemen. Hij kent geen tolerantie en geen empathie. Hij gaat over lijken en hij eist on- voorwaardelijke loyaliteit. En zo zien we weer eens hoe de 'uitvin- ders' van DISC oude wijn in nieuwe zakken serveren. Het is ver- der voornaam om erop te wijzen dat deze temperament-typologie- ën nooit in zuivere vorm op een mens van toepassing zijn. Elkeen bezit al deze persoonlijkheidseigenschappen te samen in een minder of meer uitgesproken vorm.

Nu we toch een omweg maken via de oudheid en DISC, is het eveneens interessant om na te gaan wat de antroposoof Rudolf Steiner (1861-1925) over deze temperamenten zegt. Zoals we reeds aantoonden in onze vorige werken over kwantum transacti- onele analyse (boek 1 & 3) spreekt hij over de vier-gelede Mens die in het bezit is van vier voertuigen, te weten: een fysiek li- chaam, een levenslichaam, een astraal lichaam en een denkend "ik". Steiner heeft in de eeuwwisseling van de 19de naar de 20ste

eeuw de concepten reïncarnatie en karma in het Westen geïntroduceerd. Verder wijst hij erop dat we in het fysieke lichaam onderhevig zijn aan erfelijkheid, de lichamen die afkomstig zijn uit de Hogere Werelden zijn de vrucht van wat we in onze vorige levens hebben getransformeerd. Ons temperament is datgene wat een verbinding maakt tussen wat we als individualiteit in vorige levens verworven hebben en dat wat we van onze voorouders in het fysieke lichaam hebben geërfd. Ons fysieke, zintuiglijk waarneembare lichaam hebben we gemeen met het minerale rijk en alle natuurkundige en scheikundige wetten zijn erop van toepassing. Materialistische, wetenschappelijke "denkers" beschouwen dit lichaam als het enige bestaande. Het ether- of levenslichaam, ook vorm-krachtenlichaam genoemd, is met het fysieke verbonden en geeft het vorm, totdat we sterven. Het gaat het verval of afsterven van het fysieke lichaam tegen en uit zich in het klier en lymfesysteem. Ons astraal lichaam is de drager van vreugde en leed, lust en pijn, begeerten, instincten en gevoelens. Dit astraal lichaam dat aan de dierlijke astraliteit gelijk is, kunnen we transformeren naar een ziel, meer bepaald een gewaarwordingsziel, een verstandgemoedsziel en een bewustzijnsziel. Dit voertuig of wezensdeel drukt zich uit in het zintuig-zenuwstelsel. Het vierde voertuig is *het ik* waardoor we in staat zijn om ons als een persoonlijkheid te beleven en tot zelfstandigheid (autonomie) te komen. De *ik*-drager is het bloed. Al deze lichamen werken door elkaar heen en beïnvloeden elkaar. Als één wezensdeel domineert en op de drie andere zijn stempel drukt, zien we een bepaald temperament naar voor komen. Als het *ik* primeert, spreken we van het cholerische temperament. De kracht van het *ik* doet zich dan gelden. Het gaat over een mens die in alle omstandigheden op een agressieve manier zijn wil zal doorzetten. Het gevaar hierbij is dat hij kan ontaarden in kwaadaardigheid en een waanzinnig, vernietigend doel gaat nastreven. Bij de sanguinische mens overheerst het astrale lichaam wat zich uitdrukt in het zenuwstelsel, het instrument van onze gewaarwordingen en belevenissen. Hij heeft een levendig beeld en voorstellingsvermogen. Maar hij blijft nooit bij één indruk stil staan. Zijn enthousiasme beklijft niet en zo dartelt hij van het ene interessante onderwerp naar het andere. Hij vliegt van ontmoeting naar ontmoeting, van waarneming naar waarneming, van voorstelling naar voorstelling. Zijn gerichtheid is vluchtig en nooit gefocust. Het wordt gevaarlijk als zijn wispelturigheid en de op en neer deinende gevoelens die hiermee gepaard gaan naar krankzinnigheid leiden. Indien bij een mens vooral het levenslichaam dat alle functies in stand houdt overheerst, dan wordt zo iemand uitgenodigd om genietend stil te blijven staan bij het welbevinden van het in evenwicht zijn van zijn binnen- en buitenwereld. Dat is de flegmaticus. Hij moet ervoor oppassen dat hij niet onverschillig tegenover de wereld wordt, wat op zijn beurt weer kan leiden tot stompzinnigheid of idiotie. Bij een melancholicus overheerst het meest verdichte wezensdeel, nl het fysieke lichaam. Dat voelt alsof hij het fysieke niet kan hanteren. Hij verliest zijn beweeglijkheid en voelt de weerstand van een heleboel innerlijke obstakels die niet overwonnen kunnen worden. Dat veroorzaakt veel leed en verdriet. Zo iemand wordt snel door het leven gekwetst en gaat dan tobben en piekeren. Hij moet ervoor uitkijken dat zijn droefgeestigheid hem niet tot waanzin brengt. Tot zover Steiner.

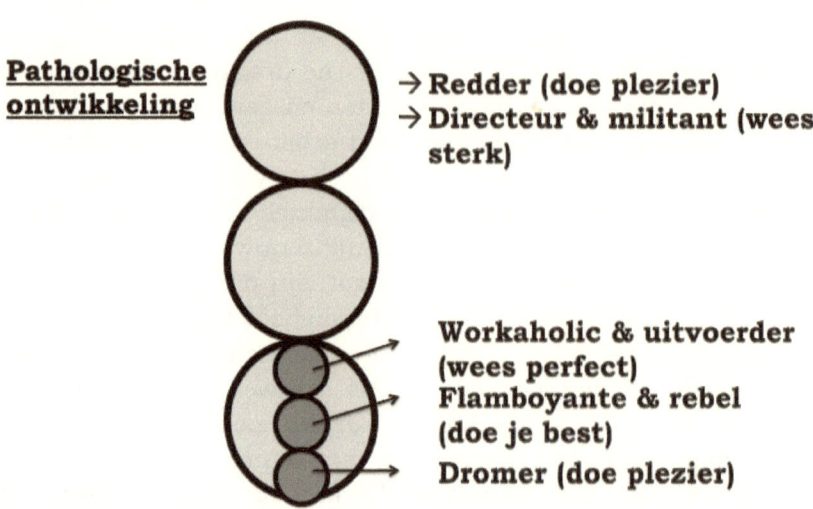

Pathologische ontwikkeling

→ **Redder (doe plezier)**
→ **Directeur & militant (wees sterk)**

Workaholic & uitvoerder (wees perfect)
Flamboyante & rebel (doe je best)
Dromer (doe plezier)

Laat ons nu terug gaan naar de hier nauw bij aansluitende schaduwelementen uit de transactionele analyse. Hieronder zie je een schema van hoe een pathologische ontwikkeling kan verlopen. Je vindt hier alle schaduw-aspecten, die gebaseerd zijn op de opjagers van Taibi Kahler (1943) terug, te weten: doe plezier, doe je best, wees perfect en wees sterk. Iedereen zal zich wel herkennen in één of meerdere van deze sarcastisch neergezette karikaturale, archetypische schaduw-elementen. Wat je hier voorgeschoteld krijgt zijn de tot in het absurde doorgedreven en toch zeer herkenbare effecten van de opjagers uit T.A. Ik kan me voorstellen dat het geen lekker gevoel geeft. Misschien voel je schaamte, of boosheid, of ben je geschokt, door de recht-voor-je-raap-beschrijvingen. Bedenk dan dat je deze schaduw-elementen via het individuatieproces kan transformeren naar de geïntegreerde Volwassene.

Redder en Dromer zijn groen in DISC en flegmatisch wat hun temperament betreft. De flamboyante en de rebel categoriseren we onder geel en sanguinisch. De blauwe workaholic en uitvoerder zou de klassieke Griek melancholisch noemen en de vuurrode Directeur en Militant plaatsen we onder cholerisch.

Wat volgt zijn de getransformeerde talenten uit het transformatie-o-gram. Je kan symbiose transformeren naar gezonde empathie en zorg, wat hoort bij de socialisatie-fase. Separatie kan leiden tot succesvol ondernemerschap, gebaseerd op de capaciteit om outside of the box te denken. Integratie wordt vrijdenken en het bepalen van je eigen referentiekaders. Individuatie ontstaat uit zelfkennis en introspectie. Je ontwikkelt een visie die steunt op een goed functionerend moreel kompas.

Het transformatie-o-gram

Via het transformatie-o-gram kan je voor jezelf uitmaken wat je reeds hebt getransformeerd en waar je graag naartoe wil. Weerom kan je aan je naasten feedback vragen. Als we het transformatie-o-gram hier onder analyseren kunnen we tot de volgende conclusies komen.

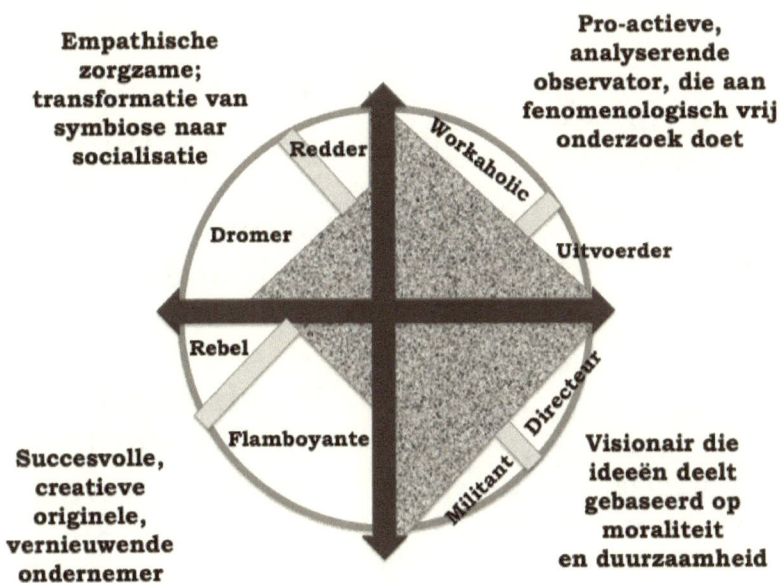

Deze persoon heeft zijn symbiotische afhankelijk voor een groot stuk getransformeerd naar autonomie. Hij heeft nog de neiging om te redden vanuit mededogen en hij droomt van een betere wereld. 4D is hem zeker niet vreemd. Misschien schildert hij, of schrijft hij sprookjes. Hij is niet altijd succesvol in zijn ondernemingen, omdat hij de neiging heeft om zichzelf in de weg te zitten. Als dingen hem niet aanstaan en communicatie onmogelijk is, wordt hij passief agressief in plaats van assertief. Hij is flamboyant, origineel, creatief en opvallend. Hij zit boordevol goede ideeën maar slaagt er niet altijd in om zichzelf als een succesvol ondernemer in de markt te zetten. Anderen nemen hem niet altijd ernstig. Hij is een man met visie, die duurzaamheid, respect en vrijheid hoog in zijn vaandel draagt. Soms is hij in zijn uitspraken te stellig. Hij moet nog meer leren luisteren en zijn opinies delen op een neutrale manier, zonder verwachtingen te koesteren. Hij is met momenten te enthousiast en te ongeduldig. Dan komt hij directief en autoritair over. Af en toe speelt zijn ego op, en wil hij toch wat meer erkenning. Daar is hij zich terdege van bewust. Door de band gedraagt hij zich erg volwassen. Zijn visie is op de lange termijn gericht, wat hem proactief maakt. Hij is zeker geen gelover. Hij gaat uit van zijn eigen ervaringen, voelen, denken en intuïtie. Hij stelt zijn referentiekaders in vraag en staat open voor nieuwe ideeën. Hij kan hard werken en wat hij doet, doet hij graag en goed.

De respectvolle zorgzame die symbiose heeft getransformeerd naar socialisatie	**De pro-actieve analyserende observator, die aan fenomenologisch vrij onderzoek doet**
De succesvolle, creatieve, originele, intuïtieve, multitaske, intelligente, vrolijke, speelse, innovatieve ondernemer	**De visionair die zijn ideeën deelt en uitgaat van waarden als duurzaamheid en respect**

Als we DISC (zie Kwantum Transactionele Analyse en de Nieuwe Tijd) toepassen op het schaduw-o-gram, zien we linksboven hoe Groen kan evolueren van onvolwassen, symbiotische afhankelijkheid naar socialisatie. Wie deze ontwikkelingsfase bereikt functioneert wonderwel in autonome teams. Geel, linksonder, kan evolueren van een sympathieke brandjes-blusser en geëxciteerde manipulator die iedereen op de kast jaagt en in de maling neemt naar een succesvolle ondernemer. In het autonome team brengt de Gele outside of the box-denker nieuwe ideeën aan die echt oplossingsgericht zijn. Want Einstein wees er reeds op dat problemen die in een bepaald referentiekader ontstaan, binnen datzelfde referentiekader niet op te lossen zijn. Voor de Blauwe mierenneuker met neiging tot dwangmatig gedrag ligt de uitdaging in het ontwikkelen van een vrijdenker die aan fenomenologisch vrij onderzoek doet. In het autonome team onderzoekt hij nieuwe referentiekaders en toetst hij die af aan zijn eigen ervaringen. Hij houdt ervan om kennis te verwerven, te studeren en te onderzoeken. Als hij samenwerkt met de gele uitvinder ontstaan er mooie dingen die de mensheid vooruit helpen. De Rode op macht beluste directeur of controleur kan zichzelf transformeren naar een visionair die moraliteit en duurzaamheid hoog in zijn vaandel draagt. Hij is de man met een lange termijn visie die proactief denkt. Hij ziet het belang van lange termijn relaties met interne en externe klanten, leveranciers en de hele omgeving. Ook hij heeft aldus een voorname functie in een zich organisch ontwikkelend autonoom team.

De Braziliaanse ondernemer Ricardo Semler (1959) geeft in zijn boek "Semco-stijl" legio voorbeelden van hoe autonome teams kunnen functioneren. Semler is CEO en hoofdeigenaar van Semco SA, een Braziliaans bedrijf dat bekend staat om wille van zijn radicale en doorgedreven vorm van industriële democratie. Arbeiders hebben een aanzienlijk aandeel in de winst en bepalen mee het beleid. Het resultaat is dat het bedrijf de hyperinflatie van 1990 overwon en waar vele bedrijven het loodje legden kwam Semco SA beresterk uit de economische crisis tevoorschijn. Tot op de dag van vandaag groeien de omzet, de winsten en het aantal medewerkers.

De schaduw in de literatuur

We kennen allemaal de boze stiefmoeders, de slechte toverheksen en de vleesetende reuzen uit de sprookjes van onze kinderjaren. En deze slechterikken worden elke keer weer overwonnen dank zij het goed logisch boerenverstand en / of de (romantische) liefde van de bewuste Held. Religieuze geschriften spreken van duivels en demonen, die als we maar kuis en godvruchtig leven, geen enkele vat op ons hebben. Maar door het heilig boontje uit te hangen, onderdrukken we dat wat vaak natuurlijk is. De aldus beteugelde gebreken en talenten zullen dan een eigen leven gaan leiden in de genegeerde en ongekende persoonlijke schaduw.

Wat ik hier wil bespreken is de Schaduw zoals die zo prachtig wordt neergezet door schrijvers die 4D zeer goed kennen exploreren, en mee creëren. Dat kan je onder meer ervaren in de verhalen van J.K. Rowling' s "Harry Potter" en J.R.R. Tolkien 's "De Silmarillion". Bovendien slagen deze twee schrijvers erin om op een dermate manier de taal van de bewustzijnsziel te hanteren dat het is alsof de woorden en de zinsneden je raken tot in het diepste van je ziel waar het verhaal als het ware als een herinnering tot leven komt, terwijl in je celkernen, je DNA transformeert. Als het boek uit is, voel je je een ander mens: krachtiger, volwassener en gelouterd.

J.K. Rowlings (1965) is een Engels schrijfster die bekend staat als de schepster van de Harry-Potter-fantasie-verhalen. Vanaf haar vijfde Harry Potterboek schildert ze op meesterlijke wijze hoe de duisternis rondom zich grijpt en de lezer in zijn adembenemende ban houdt. De ministers van Toverkunst, houden krampachtig vast aan de negatie en vinden het onzin dat Voldemort zou zijn teruggekeerd. Harry Potter wordt als klokkenluider het zwijgen opgelegd. De media schilderen hem af als een ongeloofwaardige, gestoorde en op aandacht gefixeerde leugenaar die zichzelf als een tragische held ziet. Iedereen kiest ervoor om in de onschuldige, verdovende slaap van het "wir haben es nicht gewusst" te verwijlen. Snel neemt Voldemort het ministerie van Toverkunst over. Hij wordt de schaduwregering en de ministers worden zijn marionetten.

Potter wordt zich meer en meer bewust, hoe hij met de Heer van de Duisternis verbonden is. Als baby gaf Voldemort hem een litteken op zijn voorhoofd, in een poging hem te doden. Dan komt Harry te weten, dat hij zich door Voldemort moet laten doden, want dat zal Voldemort sterfelijk maken. En Harry Potter, die verbonden is met de collectieve Schaduw is bereid om het offer van zijn persoonlijkheid en zijn ego te brengen om het collectief van het Kwaad te verlossen.

Tolkien (1892-1973) is een Engelse filoloog, dichter, theoloog en hoogleraar in de Engelse taal en letterkunde. Hij wordt de vader van de moderne fantasie-literatuur genoemd. Hij schreef "De Hobbit", "In de ban van de ring" en zijn levens/ meesterwerk, "De Silmarillion" welke na zijn dood door zijn zoon Christopher werd uitgegeven. De Silmarillion is het verhaal van de Oudste Tijd. Het gaat over het ontstaan van Midden-aarde en hoe het Kwaad in De Wereld komt. Tolkien begint zijn epos met een scheppingsverhaal. En in het eerste begin van zijn mythologie wordt het Kwaad reeds geboren. En dank zij dat Kwaad wordt de symbiose met de Goden verbroken en moeten de Kinderen van de Schepper in vrijheid, hun eigen boontjes leren doppen. Want als je geen keuze hebt en maakt tussen Goed en Kwaad, ben je nooit vrij.

Het vertelsel gaat als volgt en ik zal zoveel mogelijk de zinsneden gebruiken, zoals Tolkien ze schreef, zodat je de sfeer van het boek kan opsnuiven. Nog beter is natuurlijk dat je zijn werken zelf ter hand neemt. Hier komt het. Eru, de Ene, door de Elfen Ilùvatar (vader van Allen) genoemd schiep eerst de Ainur, de Heiligen, die de vrucht van zijn denken waren. Na enig onderricht, droeg hij hen op om een groots muziekstuk te componeren. En zo zongen de Ainur voor een lange tijd en ze vulden De Leegte met hun eindeloos mooie en harmonieus, afwisselende melodieën. Maar na een tijd, weefde Melkor, de machtigste onder hen, gedreven door ijdelheid, zijn eigen verlangens in de muziek. Terwijl hij zijn macht en glorie wilde vergroten, verspreidde de disharmonie van Melkor zich. In deze oorlog van geluid, die hij trachtte te overstemmen, ging deze meesterlijke symfonie ten onder in een turbulent kabaal. Toen liet Ilùvatar hen zien wat er geworden was van De Leegte. De Musici mochten aanschouwen, wat ze tevoren enkel konden horen. En ze zagen in een visioen hoe de geschiedenis van Arda zich ontvouwde in een prachtig tafereel. Ze zagen de Elfen en de Mensen, de Kinderen van Ilùvatar en werden vervuld met liefde voor hen. Behalve Melkor want hij wilde zelf Heer zijn en onderdanen hebben over wiens wil hij meester kon zijn. En toen, net op het moment dat de Duisternis zich van het schouwspel meester maakte, werd het visioen onttrokken aan het gezicht van de Ainur. Nu mochten de Ainur kiezen of ze in vrijheid af wilden dalen naar Eä, de wereld die Bestaat. Velen, de Valar of Machten van Arda genoemd, reisden af naar deze Wereld. Ze werden bijgestaan door de Maiar, hun dienaren. Hun taak was om deze wereld vorm te geven zoals ze in het visioen hadden gezien. Melkor was onder hen en hij begeerde de Aarde.

In dit verhaal zit iets Hegeliaans en ook iets Kabbalistisch. God emaneert zich in de wereld en in de geschiedenis die erop volgt leert hij zichzelf kennen, terwijl hij zich ontwikkelt. En van in het eerste begin emaneert zijn Schaduw zich mede en komt voortdurend roet in het eten gooien. Zo worden de vele oorlogen die zich afspelen in Midden-aarde het symbool van de innerlijke strijd van die Ene, die zijn eigen Kwaad moet transformeren. In elk geval zal het Kwaad de kinderen van Eru aanzetten om te groeien naar meer onafhankelijkheid, vrijheid en maturiteit. Wat Tolkien hier schetst vinden we min of meer terug in de leerstellingen van Rudolf Steiner, zoals ik die in het laatste hoofdstuk, over de anti-hiërarchieën zal afschilderen.

Het vervolg van het scheppingsverhaal gaat als volgt. Op Aarde deed de vernielzuchtige Melkor verder met zijn capriolen. Alles wat de Valar creëerden, deed Melkor teniet. Zo kreeg de Aarde andere vormen en kleuren dan oorspronkelijk bedoeld was. Maar uiteindelijk werden in de Diepten van de Tijden te midden van ontelbare sterren de woonstede van de Kinderen van Ilùvatar gevormd en bestendigd. De haatdragende en jaloerse Melkor, bleef zich amuseren met kapot te maken en te bederven wat de Valar opbouwden en lieten groeien. Van grootheid verviel hij tot arrogantie en verachting voor alles behalve voor zichzelf. Hij verlangde naar het Licht, maar omdat hij het niet kon bezitten, daalde hij af naar de Duisternis, waar hij alle levende dingen vervulde met angst. Hij omringde zich met een trouw leger van overgelopen Maiar. We kennen hen als de Balrogs, demonen van verschrikking, met vurige staarten en Sauron, de Zwarte Tovenaar en Necromancer.

Het heldendicht van Tolkien speelt zich af in Midden-aarde, een denkbeeldige wereld. Het is prettig om het verhaal te volgen op de talrijke mappen die je terugvindt op Tolkien Wiki. De Valar vestigden zich op het eiland in het midden van Midden-aarde op een plaats die Almaren heet. Maar Melkor viel hen aan en vernietigde hun Groene Eiland. Nu trokken de Valar naar het Westen over de Grote Zee die Belegaer heet, naar het werelddeel Aman. Daar stichtten ze Valinor. Ze plantten er twee bomen van licht, de lichtbronnen van Aman, terwijl alle dingen van Midden-aarde sliepen onder een deken van schemering, in de door Melkor afgebroken Grote Lente.

Na een tijd besloten de Valar om Midden-aarde terug te nemen en Melkor te verdrijven en daar aangekomen troffen ze groepjes bange Elfen aan. Dezen werden geterroriseerd door de Balrogs en sommigen waren gevangen genomen en verdwenen in de stinkende ondergrondse gewelven en grotten van Melkor, waar ze transmuteerden tot Orks. Orks zijn afzichtelijke wezens die bestaan uit louter Kwaad. Ze zijn vleesgeworden Schaduw en ze dienen het Slechte. Steiner wees er in zijn boeken reeds op dat in de volgende cultuurperiodes het fysieke uiterlijk van de mensen meer en meer zal laten zien wie ze in werkelijkheid zijn. Verder kunnen we met wat fantasie in de ondergrondse ijzeren hel van Melkor, de achtste sfeer herkennen. Daar zal ik het straks over hebben.

De Elfen zijn de eerste Kinderen van Ilùvatar en alhoewel ze kunnen sterven van verdriet of sneuvelen in een oorlog, leven ze zolang Arda bestaat. Enkele Valar die te ongeduldig waren om te wachten op de komst van de Kinderen van Ilùvatar, hadden zelf Dwergen geschapen. Maar omdat ze dit niet deden uit hoogmoed of om te kunnen heersen, maar uit liefde, keurde Ilùvatar het goed. De Dwergen waren zo gemaakt dat ze een groot overlevingsvermogen hadden. Ze waren koppig, keihard en standvastig in vriendschap en vijandschap. Ze konden honger en lichamelijke verwondingen doorstaan en leefden erg lang, langer dan de Mensen, maar niet zo lang als de Elfen. Het begin van de Silmarillion gaat vooral over de avonturen van de Elfen in hun strijd tegen Melkor. De Dwergen spelen als excellente (goud) smeden eveneens een voorname rol.

De epen van Tolkien verhalen over vele vernietigende oorlogen en die oorlogen krijgen zeer voorname namen. In elk geval volgde er weerom een oorlog die Arda op zijn grondvesten deed schudden. Melkor werd overwonnen, gevangen genomen en weg gezet in een onneembare burcht in Valinor. Sauron, de Maia, kon men echter niet vinden. Daarom vonden de Valar het beter dat de Elfen in Valinor zouden komen wonen en een groot gedeelde van hen, de Eldar genoemd, vertrokken westwaarts in verschillende legers voor de lange mars naar het Licht van Valinor. Daarom worden ze ook Lichtelfen genoemd. Onderweg echter splitsten ze zich op. De Blonde Elfen en de Diepe Elfen kwamen eerst aan en werden overgezet met een drijvend eiland. In Aman bouwden ze de stad Tirion. Andere Elfen draalden, genoten van de schoonheid van Midden-aarde, maakten omzwervingen en stichtten overal nederzettingen. Ze kwamen een era later ter bestemming en leerden schepen bouwen om de Grote Zee over te steken. Daarom werden ze Zee-elfen genoemd. Aan de andere kant van Belegaer (de Grote

Zee) bouwden ze de Haven der Zwanen. Nog anderen raakten hopeloos verloren en bleven wonen in Midden-aarde. Dat waren de Groene Elfen en de Grijze Elfen. Ondertussen groeiden de Elfen op en in hun nieuwsgierigheid en leergierigheid eigenden ze zich vele vaardigheden en kennis toe. Ze bouwden prachtige steden in paarlemoer, goud en edelstenen en ze waren dol op hoge torens, waarvoor ze de stenen kapten uit de bergen. Anderen werden geroepen door de zee en bouwden de mooiste witte schepen, want Elfen zijn altijd bezig met te creëren en ze scheppen vreugde in hun arbeid. Ze werden ook erg bedreven in het beheren van de taal en verzonnen allerhande namen voor dingen die bestonden en dingen die niet bestonden. De Elfen kregen vele kinderen en leefden in een vreugdevolle gelukzaligheid in een paradijselijke symbiose met en onder de hoede van de Machten van Arda.

Het is opvallend dat in de beschrijvingen die Tolkien van de elfen geeft, we heel wat eigenschappen herkennen van de lichtwerkers of de Nieuwe Mensen of wat Laszlo de cultureel-creatieven noemt.

Nu was er Fëanor, een zeer bedreven Elfenprins die edelstenen kon maken die groter en schitterender waren dan die van de Aarde. Toen hij het toppunt van zijn macht had bereikt vervaardigde hij de Silmarillen. Ze leken op drie grote juwelen, gemaakt van diamant, maar sterker en eigenlijk onbreekbaar. Ze waren de behuizing van een levend innerlijk vuur, want in zich droegen ze het licht van de Lichtbomen van Valinor. Varda, de sterrenkoningin van de Valar, heiligde de Silmarillen zodat niets onreins of slechts ze zouden kunnen aanraken zonder te blakeren en te verschrompelen.

Nu besloten de Valar om Melkor op proef vrij te laten, want ze dachten dat hij zijn lesje wel zou geleerd hebben. En Melkor beloofde zich te gedragen, maar zijn jaloerse boosaardigheid en zijn haat jegens de blije Elfen werd alleen maar groter. Ondertussen veinsde hij hulpvaardigheid en onderwees hij de Elfen in allerhande vaardigheden. Toen hij de Silmarillen zag werd hij vervuld door een brandende begeerte. Hij wilde ze bezitten. Nu begon hij met zijn propagandacampagne. Hij zaaide leugens en plantte visioenen in de harten van de Elfen. Hij sprak over de opkomst zijnde Mensenkinderen, die door de Valar en Ilùvatar nog meer geliefd zouden zijn dan de Elfen. Hij strooide de illusie rond dat de Elfen in Valar gevangen gehouden werden, zodat straks de Mensen over Midden-aarde zouden kunnen regeren. Hij zette ook de Elfen tegen elkaar op. Hij sprak over wapens om je mee te verdedigen en de Elfen begonnen zwaarden te smeden en schilden te maken en hoge helmen met rode pluimen. En lang voordat de Valar de achterbakse kunstgrepen van Melkor doorhadden, was de vrede van Valinor vergiftigd en was Melkor vertrokken met alle juwelen, waaronder de Silmarillen. En omdat hij een Valar was, kon hij vele vormen aannemen of zonder kledij rondreizen. Niemand kon hem vinden. Nadat hij ook de Lichtbomen voor goed vernietigde, keerde hij terug naar Angband in het Noorden. In de smerig, dampende ondergrondse grotten en gewelven wachtten de Orks op de terugkeer van hun Meester, terwijl ze zich tot duizenden malen meer hadden vermenigvuldigd. Melkor, door de Elfen Morgoth, de Zwarte Vijand, genoemd smeedde zich een ijzeren kroon waarin hij de Silmarillen plaatste en ondanks het feit dat ze hem voortdurend pijn deden en hun gewicht hem dodelijk vermoeide, zette hij zijn kroon nooit af. Vanaf nu bleef hij de zwarte vorm van de Schaduw die hij was, behouden, want door zijn boosaardigheid zakte hij steeds dieper in de afzichtelijke vorm, die toonde wat hij werkelijk was.

En het verhaal wat nu volgt is er één van oorlog en broedermoord en verraad tussen de Elfen. Het is ook het verhaal van de Grote Separatie, de eerste grote stap naar onafhankelijkheid. Het gif wat Melkor in de harten van de Elfen had geplant begon zijn vruchten af te werpen. Fëanor en zijn zeven zonen zwoeren een dure eed. Ze zouden Morgoth tot het einde van de Aarde volgen totdat de Silmarillen terug in de handen van Fëanor of zijn nakomelingen kwamen. Hij verzamelde een leger en vertrok Noordwaarts, Morgoth achterna. Nu waren er twee strekkingen in dat leger. Fëanor vuurde de meest fanatieke volgelingen aan. Fingolfin, zijn halfbroer, en de zijnen waren gematigder en voorzichtiger. De bende van Fëanor stal de witte schepen van de Zee-elfen en ze slachtten vele Zee-elfen af. Toen ze aan de overkant de oevers van Middenaarde bereikten, staken ze de schepen in brand en lieten de legers van Fingolfin achter. Dezen trokken te voet over het Noordelijke IJs naar Midden-aarde en velen stierven van ontberingen in deze Oversteek van IJs. En daardoor rust er een vloek op het geslacht van Fëanor.

De Valar rouwden over het verlies van de lichtbomen en de verdorvenheid van Fëanor. Ze wilden Morgoth tegen houden door Midden-aarde te verlichten. Met grote inspanningen trachtten ze de Lichtbomen te genezen, maar tevergeefs. Wel gaf elke lichtboom een vrucht af, namelijk de Zon en de Maan, die de Valar aan het firmament zetten en het felle licht dat ze lieten schijnen, maakte dat Morgoth ontsteld afdaalde naar de diepste krochten van zijn Hel van IJzer, terwijl hij en de zijnen een grote stank en donkere wolken uitstootten, om zich aan het licht van de Dagster te onttrekken. De Valar maakten van Adman en Valinor een ondoordringbare veste, door het onder andere met hoge bergen te omringen en de zeestromingen zo te maken, dat niemand het ooit nog kon bereiken.

Wat Fëanor betreft, was zijn laatste uur geslagen. De gloed van de brandende schepen hadden Morgoth's leger opgeschrikt en zo ontstond er een gevecht tussen de Orks en het Elfenleger, waarin Fëanor het leven liet. De Elfen wonnen de slag en trokken verder. Van het Noorden kwamen de dappere krijgers van Fingolfin, die de Oversteek van IJs hadden overleefd. Ze hadden al slag geleverd met de Orks in het Noorden en vreesden dat als de verbannen Elfen uit Aman verdeeld zouden blijven, ze de oorlog tegen Morgoth nooit konden winnen. Zo kwam het dat de Diepe Elfen van Noldor zich opnieuw in broederschap verenigden.

Nu hadden de Dwergen en de achtergebleven Elfen in Middenaarde ook niet stil gezeten. Aan de rivier Sirion, in het rijk Doriath, had de koning van de Grijze Elfen, Elu Thingol of Elwë met de hulp van Dwergen de hoofdstad Menegroth gebouwd. En omdat er wel eens wolfachtigen en Orks in de buurt werden opgemerkt, besloten ze zich te wapenen. De Dwergen waren meestersmids en zij maakten de strijdmiddelen. Dat maakte dat Thingol's wapenkamers gevuld werden met bijlen, zwaarden, speren, schitterende maliënkolders, hoge helmen en lange mantels. En dat zou hen zeer van pas komen. Want bij de terugkeer van Morgoth braken er vele oorlogen uit tussen de Orks en de Elfen. Thingol versloeg de Orks, maar de prijs was hoog, want vele, met lichtere wapens, bewapende Groene Elfen die onbeschut in de wouden van Dorian leefden kwamen om. Nadien werd Menegroth een versterkte burcht. Thingols vrouw was een Maia, Melian genoemd. Ze bezat grote toverkracht en spon rond Menegroth een ondoordringbare gordel, zodat velen er beschutting vonden. Thingol en Melian hadden een dochter, de mooie Lùthien. Zij speelt straks een voorname rol in het verhaal waar Morgoth een Silmaril afhandig wordt gemaakt. De gebieden rondom Menegroth echter werden ingenomen door de Orks, die er in groten getale begonnen rondwaren.

De Grijze Elfen nu hadden reeds gehoord van de komst van de Lichtelfen uit Aman en ze dachten aanvankelijk dat ze door de Valar gestuurd waren om hen bij te staan in hun strijd tegen Morgoth. De ware toedracht hoorden ze pas veel later. De Lichtelfen werden met open armen ontvangen en ze mochten wonen in de gebieden rond Doriath. Ze sloten bondgenootschappen met de Dwergen en bouwden met hun hulp de versterkte burcht Nargothrond. Deze veste werd uitgegraven in de rivieroevers van de Narog in Beleriand door de Elf Finrod Felagund, zoon van Finarfin (broer van Fingolfin) en kleinzoon van Finwë. Turgon, een zoon van Fingolfin, bouwde in het grootste geheim, op een tot dan toe onbekende plaats, de verstevigde stad Gondolin. Daar trok hij helemaal onder de radar met bijna geheel zijn volk naartoe. Ondertussen ging de oorlog met de Orks verder. De Orks verloren, maar de vesten van Angband konden niet worden ingenomen, noch konden de Silmarillen worden terug gehaald. Wel maakten de Elfen veel mooie dingen, gedichten en geschiedenissen en boeken van kennis en de Lichtelfen versmolten met de Grijze Elfen en spraken één en dezelfde taal. Maar uiteindelijk zal het een Mens zijn, Beren is zijn naam, die er in slaagt om een Silmaril terug te halen uit de stinkende kerkers van Angband.

Want bij het eerste opgaan van de Zon ontwaakten de Jongste Kinderen van Ilùvatar, de Mensen. Zij kregen de gave van vrijheid, doch hun verblijf op Arda was slechts van zeer korte duur. En alhoewel Illùvatar wist dat de Mensen vaak zouden dwalen, zei hij dat hun daden tenslotte zouden bijdragen tot de glorie van zijn werk. De Valar bekommerden zich niet om hen en de Mensen vreesden de Valar eerder dan dat ze hen beminden. Ze sloten vriendschap met de zwervende Elfen, die Valinor noch de Valar anders dan bij naam kenden.

In de Silmarillion zijn er vele verhalen over de huizen van de Elfen en de Huizen van de Mensen. De epische romance tussen de Mens Beren en Lùthien, de dochter van Thingol is er één van. Nadat zijn vader door de Orks werd vermoord, zwierf Beren vier jaar door de wildernis. Op een dag glipte hij door de mazen van de gordel van Melian en doolde door de Wouden van Neldoreth. Daar ontmoette hij Lùthien die onder de maan danste in het gras. Hij werd op slag verliefd op haar en zij beantwoordde zijn liefde. Lùthien stelde Beren voor aan haar vader, maar Thingol, ook Koning Grijzenmantel genoemd, voelde alleen minachting voor de Mens, die zijn dochter wilde huwen. Hij wilde niet dat zijn dochter haar onsterfelijkheid zou opgeven door met een Mens te trouwen. Daarom legde hij Beren een levensgevaarlijke proef op, het stelen van een Silmaril uit de kroon van Morgoth. Dit leidt tot de heroïsche poging van Beren en Lùthien om samen de gevaarlijkste van alle slechte wezens, Morgoth, De Zwarte Vijand, te beroven van een lichtjuweel uit zijn ijzeren kroon. Net als Orpheus of Persephone daalden zij af naar de onderste krochten van het onderbe-

wuste, om daar in het zwartste van het zwartste het licht te pluk-
ken. Want als je het licht (bewustzijn) laat schijnen op je schaduw
dan transformeert hij en kan er iets moois uit voortkomen. Dit
verhaal, wat deel uitmaakt van de Silmarillion werd, zoals meerdere verhalen in dit grootse werk, onder een apart boek uitgegeven. Misschien is het ook het meedelen waard dat op de grafsteen
van Tolkien en zijn vrouw, de namen Beren en Lùthien vermeld
staan.

Door omstandigheden – dit vind je weerom in een geheel ander
verhaal in de Silmarillion - verkreeg Thingol nu ook de Nauglamir.
De Nauglamir was een schitterend gouden halssnoer gemaakt
door de Dwergen. Thingol verlangde om de Silmaril, het grootste
werk van de Elf en de Nauglamir, het grootste werk van de Dwerg,
samen te brengen tot één en hetzelfde juweel. Dat gebeurde door
erg ervaren goudsmeden in de diepste ondergrondse smidsen van
de Dwergen. De schoonheid van dit sieraad was verblindend,
want de talloze juwelen van de Nauglamir weerkaatsten het licht
van de Silmaril in een reeks van eindeloos schitterende tinten. En
toen het klaar was en Thingol het om zijn nek wou hangen, eisten
de Dwergen hun juweel terug op. Maar de trotse Thingol weigerde
en de Dwergen doodden hem. En dat leidde tot een oorlog tussen
Dwergen en Elfen. Omdat Melian na de dood van haar man, naar
Valinor vertrok, om er te rouwen, verdween de beschermende to-
ver-gordel. Doriath werd door de Dwergen vernietigd en leeg ge-
plunderd. Maar de Silmaril bleef in het bezit van de nakomelingen
van Thingol, en ondanks een nieuwe oorlog tussen de nakomelingen van Fëanor en die van Thingol, die Doriath voor goed in de as
legden, was het Elwing, kleindochter van Beren en Lùthien en
achterkleinkind van Thingol die met de Silmaril op de vlucht ging.
Zo kwam er een einde aan Thingol en zijn rijk. En het was niet de
hand van Morgoth die er rechtstreeks mee te maken had. Het was
de hoogmoed, de arrogantie en de hebzucht van Elf en Dwerg die
maakte dat Doriath verslagen, verwoest en verwilderd achterbleef.
En het juweel dat het licht van de wereld in zich droeg vervolgt
zijn lot aan de mondingen van de Sirion.

In een ander apart verhaal lezen we hoe de jaloezie en het verraad
van een hoge Elf, leidde tot de ondergang van Gondolin, dat moei-
teloos door de legers van Morgoth onder de voet gelopen werd.
Eärendil, de Stralende, de wetmatige troonopvolger van het rijk
van Gondolin en kleinzoon van Turgon, kon met een klein aantal
Elfen ontsnappen. Ze vluchtten naar de mondingen van de Sirion,
alwaar hij Elwing ontmoette. Ze huwden en kregen Elrond en El-
ros, die dus eveneens de achter-kleinkinderen van Luthien en

Beren waren. Nadat, weerom in een oorlog, de nazaten van Fëanor de Silmaril terug wilden veroveren, vluchtten Eärendil en Elwing met een boot naar het Westen, naar Amand. En omdat Eärendil zuiver was van gedachten en zinnen, kon hij de Silmaril op zijn voorhoofd dragen en zo trotseerde hij de schaduwen, de betovering en de tegenwinden en kwam in Valinor aan. Hij landde als de eerste Levende Mens op de onsterfelijke kusten en verkreeg van de Valar vergiffenis voor de bannelingen. Zij gaven hem een schitterend Schip, dat gevuld was met een flakkerende vlam en Eärendil zat aan het roer. Ver reisde hij tot in de sterrenloze leegten, tot achter de grenzen van de wereld. Op zijn voorhoofd glinsterde het stof van de Elfenjuwelen.

Nu vonden de Heren van het Westen dat het welletjes was geweest en ze vielen Morgoth aan. Ze kregen hulp van Mensen en Elfen en grote Adelaars. Het hele Noorden stond in brand vanwege deze laatste oorlog, de Oorlog van Gramschap. Balrogs, Orks en vliegende, vuurspuwende draken werden vernietigd. Eärendil vocht mee met zijn luchtschip en doodde de grootste en gevaarlijkste draak. Zo kwam er een einde aan de macht van Angband en de Silmarillen, die zoveel ellende en strijd en broedermoord hadden veroorzaakt, werden door de Valar in bewaring genomen. Maar Maedhros en Maglor, de twee overgebleven zonen van Feänor, die zich de dure eed van hun vader herinnerden, eisten het juweel met geweld terug op. Zij namen elk een juweel ter hand, maar de geheiligde diamant brandde in hun handen. Van pijn en wanhoop gooide Maedhros zich in een gapende afgrond, waardoor de Silmaril in de boezem van de Aarde terecht kwam en Maglor gooide zijn verschroeiende juweel in de Zee. Zo kwam het dat er zich een Silmaril in de zee bevond één in de Aarde en met Eärendil, één in de lucht.

Morgoth werd door de Deur van de Nacht achter de Muren van de Wereld in de Tijloze Leegten geworpen. Maar het zaad van zijn leugens hebben de harten van Elf en Mens voorgoed aangetast en het zal zijn vruchten dragen tot de laatste dagen. En hier eindigt de Silmarillion.

Munin Nederlander (1942) is publicist, illustrator en beeldend kunstenaar, met een grote belangstelling voor de 'exacte fantasie'. Exacte fantasie is een overblijfsel en een afgezwakte vorm van de eertijdse atavistische helderziendheid. (boek 3). In zijn boek "Thùle" probeert hij na te gaan of Tolkien bewust of onbewust kennis had van het occulte. Hij concludeert dat Tolkien het onbewuste vermogen had om in de Akasha-kronieken te lezen. Zo gaat Nederlander ervan uit dat "In de ban van de ring" tamelijk letterlijk een stuk geschiedenis beschrijft van het tweede deel van de zogenaamde Atlantische era's. In zijn laatste hoofdstuk zoekt Nederlander een overeenkomst met de hiërarchieën en de antihiërarchieën zoals die in de antroposofie worden gehanteerd. Melkor zou Sorat vertegenwoordigen en Sauron zou de representant van Ahriman Zijn. De elfen komen overeen met de hiërarchieën van de engelen en de aartsengelen. En de hobbits staan voor het toekomstige mensenras in de vijfde sfeer of de toekomstige Jupiter. Wim Leys, de voorzitter van de Theosofische Vereniging in Nederland schrijft in de epiloog van "Thùle": "Het staat buiten kijf dat werken als *In de ban van de Ring* en de *Silmarillion* niet te verklaren zijn uit de begaafdheden en ervaringen van één leven. Deze werken zijn de rijpe vrucht van een ziel die in meerdere levens veel heeft meegemaakt in het drama van de menselijke evolutie, waar Goed en Kwaad onophoudelijk strijden." Persoonlijk ben ik ervan overtuigd dat deze uitspraak voor iemands als Rowlings evenzeer opgaat.

Vanuit de Gnosis vernemen we dat de Aarde als een mislukt experiment geschapen werd door Duistere Machten. Toch verlangde onze Moeder ernaar om te evolueren naar het Licht. Daarom zochten de Heren in de Hogere Werelden vrijwilligers om deze klus te klaren. De Elohim wilden dat tussendoor wel eventjes vlug opknappen, maar ze wisten niet dat één kosmische seconde gelijk staat met 26.600 Aardse Jaren en zo daalden ze af. Op Aarde ontmoetten ze zoveel geweld en agressie en brutaliteit dat ze op het punt stonden om volledig te worden vernietigd. Daarom smeedden ze het volgende plannetje, ze vermengden zich met het Aardse Kwaad en plantten zich voort. En zo komt het dat ze voortaan, tot het einde der tijden, het Kwaad als schaduw in zichzelf moeten dragen. Stukje bij beetje transformeren ze hun eigen persoonlijke Schaduw en zetten ze hun astraliteit om naar Hogere Zielsdelen, om aldus de Aarde naar een hoger plan van Bewustzijn en meer Licht te brengen. En daar zijn de Nieuwe Mensen, ook Lichtwerkers genoemd, nu nog steeds mee bezig.

Nazisme & Zwarte Magie

Trevor Ravenscroft, de auteur van "De lans van het Lot" claimde in zijn werk dat hij de missie van Dr. Walter Johannes Stein overnam. Laatst genoemde stierf drie dagen nadat hij besliste om het werk over de Lans van het Lot neer te schrijven. Stein (1891-1957) was een Oostenrijkse filosoof, leraar aan de Waldorf school, onderzoeker van de Graal, homeopaat, healer, vertrouweling van Rudolf Steiner en adviseur van Winston Churchill. Hij speelt de hoofdrol in Ravenscroft 's werk over de lans van het lot, omdat hij in 1912 -1913 Hitler in levende lijve zou hebben ontmoet en grondig zou hebben leren kennen in de vele gesprekken die ze samen zouden hebben gehad over de Lans en de Graal. Stein, die van Joodse afkomst was, was volgens Ravenscroft enerzijds geschokt door het uitgesproken racisme van Hitler, anderzijds was hij gefascineerd door Hitler 's grondige kennis van het occulte. Ravenscroft (1921-1989) is een occult historicus en in zijn genre wordt hij gezien als een betrouwbare bron. Hij hoort eveneens tot de strekking van de antroposofen en gaat uit van heel wat ideeën van Helena Blavatsky. En alhoewel hij beweert in contact te zijn geweest met Stein, blijkt later dat dit via een medium gebeurde. Zijn historisch onderzoek deed hij dus via seances. Verder gaat het over de speer die de zijde van de Christus zou hebben doorboord door de Romeins soldaat, Gaius Cassius, die later bekend werd als Longinus de Lansdager. Door de Christus vroegtijdig dood te steken, werden Zijn beenderen niet verbrijzeld en kon Hij "herrijzen" in zijn opstandigslichaam. Uit onderzoek blijkt nu dat deze bewuste Weense Reich 's Lanze, die Hitler in zijn bezit kreeg, van een later datum is. Ravencroft 's werk zou dus eerder fictief dan reëel zijn en toch is het zo meesterlijk neergeschreven dat het in deze context een plaats verdient, want de grens tussen 3D en 4D is eerder vaag en de waarheid ligt ergens tussen "realiteit" en "exacte fantasie". In elk geval verzeil je met de lectuur van "De lans van het lot" in een levendig stukje vaderlandse geschiedenis. De vernieuwende en verfrissende inzichten in de psychologie en de persoonlijke motieven van voorname politieke en militaire leiders die wereldgeschiedenis schreven werden rechtstreeks van de akashakronieken afgetapt. Er worden boeiende linken gelegd, die via persoonlijke incarnaties als bruggen tussen het Karolingische tijdperk en de overgang van de negentiende naar de twintigste eeuw worden gebouwd. Deze schakels zijn logisch samenhangende openbaringen, waarvan we kunnen zeggen dat geen enkele leerling deze ooit in de chronologie van een saai geschiedenisboek of in het duffe geschiedenislokaal heeft mogen ervaren.

Ravenscroft schrijft over de esoterische achtergronden in de geschiedenis van het nazisme met Hitler (1889-1945) als spilfiguur. Hitler was een in Oostenrijk geboren Duits politicus en leider van de NSDAP. Hij was rijkskanselier van Duitsland van 30 januari 1933 tot aan zijn dood en Führer van 2 augustus 1934 tot aan zijn dood. Hij speelde een centrale rol in de opkomst van het Duitse fascisme, WOII en de holocaust. In de "Lans van het lot" lezen we vanuit het interessante, spirituele referentiekader, hoe het allemaal begon, hoe het evolueerde en hoe het eindigde.

Van de Rijkslans, tentoongesteld in de schatkamer van het Hofburg Museum werd gezegd dat diegene die haar opeist en haar geheimen ontsluiert, het lot van de wereld in zijn handen houdt. Vanaf het moment dat de jonge Hitler dat hoorde, was hij in de ban van de Lans, talisman voor macht. Hitler, die graag kunstschilder wilde worden, maar door de Academie der Schone Kunsten niet toegelaten werd, hoorde in die tijd uitgesproken tot de categorie van de Dromers en zijn fantasie sloeg letterlijk op hol. De legende vertelt dat de lans een soort magisch openbaringsmedium is, die de "wereld der ingevingen" zo tastbaar en driedimensionaal maakt, dat de menselijke fantasie werkelijker wordt dan de wereld der zinnen. De afgelopen vijfhonderd jaren geloofde niemand dit behalve Napoleon. Maar deze laatste heeft er nooit de hand op kunnen leggen.

De jonge, als kunstenaar afgewezen Hitler die als autodidact bijna leefde in de Hof-bibliotheek, ging het reilen en zeilen van de fameuze lans grondig onderzoeken. Hij kwam tot de conclusie dat ze haar weg doorheen de geschiedenis had gevonden en steeds bij de "groten der aarde" had verbleven. Justinianus hief de lans omhoog toen hij de Atheense Academie liet sluiten. Karel Martel had ermee gevochten toen hij in 732 de Moren bij Poitiers versloeg. Karel de Grote (800) had zijn hele dynastie gegrondvest op het bezit van de lans en na hem hadden vijfenveertig keizers, onder wie Barbarossa, aanspraak gemaakt op de lans van het lot. Allemaal helden die Hegel vernoemde en die de wil van de Wereldgeest ten uitvoer hadden gebracht. Nu wilde Hitler de lans als werktuig bezitten om eveneens een rol van wereldhistorische betekenis te spelen en het Duitse volk te herenigen. In een visioen zag hij hoe hij het lot van het Westen in zijn handen hield en de wereld die aan zijn voeten lag, naar zijn fantasieën vorm gaf.

In elk geval, de jonge en erg beïnvloedbare Hitler verslond de werken van de cynische Nietzsche. Hij ging helemaal op in het denkbeeld van de Antichrist, het uitverkoren Arische ras en de Übermensch. Hij liet zich meeslepen door het pessimisme van Schopenhauer en zijn gedweep met Oosterse godsdiensten en filosofieën. Hij was verzot op de werken van Richard Wagner, die de helden in de Germaanse mythologieën bezong, zoals in "Der Ring des Nibelungen". Hij las over de geschiedenis van het oude Rome, Oosterse godsdiensten, Yoga, occultisme, hypnose, astrologie en het Egyptische dodenboek. Hij volgde de opkomst en de ondergang van oude beschavingen en bracht de verdwijnende magie die met de godendeemstering gepaard ging in verband met het onzuiver worden van het bloed der rassen. Hij treurde over het verlies van de gouden eeuwen waar de symbiotische mens in een romantisch, betoverende relatie stond tot het universum en hij wilde de mythen en de legenden die dit bezongen opnieuw tot leven wekken in 3D. In de Joden vond hij de geschikte zondebok, want hun rationeel-materialistisch denken was volgens hem de oorzaak van het verloren gaan van de sprookjesachtige grootsheid die de geschiedenis aan de mensheid had kunnen schenken. Hij vervloekte de tragedie van het hedendaagse kapitalisme en de geest van de Jiddische woeker die het Duitse volk met de ondergang bedreigde. En hij zag het als zijn missie om het Herrenvolk wakker te schudden zodat het zich, onder zijn leiding weliswaar zou toe-eigenen waar het recht op had. Want zoals Nietzsche reeds zei, God is dood en de mens zelf, zal zijn lot ter hand moeten nemen en met de ontembare wilskracht van de übermensch zijn geschiedenis moeten schrijven.

Nu wilde Hitler graag de geestelijke wereld binnen treden. Hij zocht naar een Westerse methode om het hoger bewustzijn en andere tijdsgebieden te bereiken. Hij wees de methode van Rudolf Steiner, die in zijn voordrachten over de wetenschap van de geheimen der ziel oefeningen gaf, om op een natuurlijke manier een kijkje achter "het gordijn" te nemen, af. Steiner en ook Stein, horen tot de occulte broederschappen van de rechter hand, de witte magiërs. Zij staan ten dienste van de menselijke ontwikkeling naar individuatie en socialisatie via zelfbewustzijn en introspectie. Hitler daarentegen vereerde de symbiotische mens, als onderdeeltje van collectieve bloedverbanden, ingebed in de magische wereld van de mythologie. Hitler wilde terug naar het verleden. Hij wilde om zo te zeggen achteruitgang en geen vooruitgang. Zijn swastika, symbool voor het nazisme, is dan ook een zonnerad dat in de geschiedenis terugdraait, naar een soort van nostalgisch, chauvinistisch en racistisch pan-Germaans-mystiek-heidens idealisme. Hij wilde terug naar het moment dat het Karolingische rijk opsplitste in Frankrijk en Duitsland.

Uiteindelijk vindt Hitler een ingang naar het bovenzinnelijke via Richard Wagner 's betoverende en etherische opera: Parsifal. Hij ervaart het schouwspel enerzijds als vervuld met walgelijke christelijke denkbeelden. Aan de andere kant is het de tovenaar Klingsor, die Hitler aangrijpt in zijn wezen. In het onderzoek wat hierop volgt, vindt Hitler dat Klingsor de eigenaar is van de Heilige Speer, die hij als een soort van machtige en perverse fallische roede ten dienste stelt van zwarte magie. Deze duistere tovenarij was gericht tegen de persoonlijke romantische liefde die opbloeide tijdens de Karolingische Renaissance. Kenmerkend voor die tijd was een ontluikend zelfbewustzijn. Het was deze frisse en tedere dimensie die aan het nieuwe ideaal van het christelijke huwelijk werd toegevoegd, die Klingsor met zijn seksuele verdorvenheid in de kiem wilde smoren. En hier krijgt Hitler het antwoord dat hij zocht. Vanaf nu keert hij zich tegen de Christelijke liefde die hij als apenliefde afdoet en vereenzelvigt hij zich met Nietzsche 's Antichrist. Zo wordt hij het Kwaad dat hij aanbidt en verheerlijkt. Met Nietzsche verwerpt hij het christendom als de uiterste consequentie van het Joodse instinct. Voor hem stond het christendom symbool voor slapheid en verval en hij dacht hierbij aan zaken als vergeving, zelfopoffering, valse nederigheid en de ontkenning van de evolutionaire wetten van het overleven van de sterksten, moedigsten en begaafdsten. En dus koos Hitler voor de kortste weg tot de hoogste kennis via het beoefenen van de zwarte magie.

De armtierige, verwaarloosde Hitler had een Mecenas in de heer Ernst Pretzsche, die een boekenwinkeltje had met occulte literatuur. Hij nam de gelezen en van opmerkingen voorziene boeken van Hitler terug in pand, kocht af en toe een aquarel en gaf de uitgehongerde jongeman regelmatig een stevige maaltijd. Pretzsche, die een groot deel van zijn leven in Mexico had doorgebracht, was een ingewijde in de zwarte kunst en hij kende de werking van de magische peyote. Hitler werd zijn gretige leerling. En onder het nemen van de psychedelische drugs beleefde Hitler de ervaringen van de ingewijden in de grote mysteriën, waar neofieten zich normaal een heel leven lang met disciplinaire oefeningen op moeten voorbereiden. Of althans, die illusie had hij. Want wie weet welk effect de sterke hallucinogenen op de psychotische geest en het uitgemergelde lichaam van de uitgehongerde jongeman hadden. Nu had Hitler wel een uitermate sterke wilskracht (wees sterk) en in de wirwar van wisselende kleurenen vormen waaruit de astrale wereld bestaat zocht hij zijn weg naar zijn vorige incarnaties. Hij had het sterke instinctieve gevoel dat hij ooit, ergens in de middeleeuwen, eigenaar van de lans van het lot geweest was. En zo herkende hij onder invloed van de drugs, dat hij de incarnatie was van de historische persoonlijkheid achter Richard Wagner 's Klingsor, namelijk de wreedaardige, terreur zaaiende Landolfus van Capua, heer van Terra di Labur.

Je zou kunnen zeggen dat de Dromer in Hitler zijn katholieke "doe plezier" driver liet inboeten ten voordele van de "wees perfect" en de "wees sterk" driver, zodat eerst de Uitvoerder en later de Militant en de Directeur in al hun perversie naar buiten konden treden. Vanuit de Dromer ontwikkelde zich een ziekelijke wereldvisie die enkele decennia later het aanschijn van Europa en grote delen van de wereld voor goed zou veranderen.

Stein verloor Hitler uit het oog, toen deze na het collecteren van een kleine erfenis vertrok naar München. Als Oostenrijker kreeg Hitler toelating van koning Lodewijk van Beieren om te dienen in het Duitse leger. De hele oorlog bleef hij aan het front en nam hij deel aan lange, hevige en bloedige veldslagen. Telkens tartte hij het lot, omdat hij geloofde dat de voorzienigheid hem spaarde opdat hij straks zijn missie van wereldhistorische betekenis zou kunnen vervullen. En ondertussen oefende hij zijn wilskracht (wees sterk). Na de oorlog werd het koningshuis afgeschaft en de Weimarrepubliek werd geïnstalleerd. Hitler ontving het IJzeren Kruis eerste klasse voor heldenmoed en hij begon zich op te werken als het bevelen opvolgend korporaaltje met een medaille. De achterbakse Uitvoerder ontwikkelde zich. Als geheim agent werkte hij mee aan het uitroeien van de communisten in München. Als staflid van het pers- en voorlichtingsbureau, bouwde hij mede de propagandamachine uit. Als spion werd hij lid van de Duitse Arbeiderspartij, die door de Reichswher (leger van de Weimarrepubliek) opnieuw was opgericht. Hitler kreeg de opdracht om er de leiding op zich te nemen. In deze partij werden leden gerekruteerd uit de gelederen van de machtigste geheime, occulte loge in Duitsland, die ook door het opperbevel werd gefinancierd: de Thule Gesellschaft. In 1920 vormde Hitler de DAP om tot NSDAP, nationaal socialistische Duitse arbeiders partij.

De geheime Thule broederschap telde zo'n vijftienhonderd leden, voornamelijk uit de Duitse intelligentsia. Het ging om rechters, professoren, juristen, politiecommissarissen, advocaten, leraren, chirurgen, fysici, allerhande geleerden en rijke ondernemers. De naam Thule komt van Ultima Thule, het uiterste Noorden, waar de Hyperboreïsche volkeren woonden. Deze Hyperboreanen waren via hun magische krachten verbonden met de kosmos. Door middel van geheime rituelen trachtten de Thule-broeders contact te krijgen met de Oude Wijzen of Meesters van deze beschaving. Ze waren ervan overtuigd dat deze kennis alleen werd gedeeld met mensen van zuivere Arische bloedlijnen, bloed dus dat niet was besmet door lagere rassen zoals Joden en Afrikanen. Zo wilden ze het Duitse vaderland redden en een nieuw ras van Noordse Arische Atlantiërs vestigen, waarna een nieuwe Messias (Hitler) het volk zou leiden. Hyperborea en Atlantis worden eventjes op één hoop gegooid. In elk geval is het duidelijk dat achteruitgang het hoofddoel was. De thule-broeders wilden terug naar het eerste begin van de menselijke geschiedenis, waar de zich ontwikkelende mensheid onder de heerschappij stond van een koning die regeert bij de gratie God 's. En we weten allemaal dat vooruitgang staat voor meer persoonlijke vrijheid, verantwoordelijkheid, zelfstandigheid, volwassenheid en moraliteit.

De Thule-leden waren niet alleen racistisch en antisemitisch. Ze waren ook uitgesproken anticommunistisch. Ze grepen in het politieke Beierse leven in via terrorisme, rassenhaat en koelbloedige moordpartijen, die toentertijd schering en inslag waren. Anoniem gaven ze de vervalste Protocollen van de wijzen van Zion uit. In dit boek werden zogenaamde bewijzen geleverd dat de joodse leiders te Bazel een congres gehouden hadden waar plannen werden gesmeed om de christelijke maatschappij omver te werpen. Ze zouden op het punt staan om door middel van een groots internationaal netwerk, dat het wereldkapitaal beheerst, een joodse wereldheerschappij in te richten. Het boek had een enorm succes en de ziedende Jodenhaat die het teweeg bracht, dreef Hitler verder naar de macht.

De spil van deze geheime, bloeddorstige Thule-loge was Dietrich Eckart (1868-1923). Hij werd Hitler 's mentor. Beiden hadden via een shortcut, door het nemen van drugs, een transcendent bewustzijn verkregen. En het was Eckart die Hitler inwijdde in de afschuwwekkende, sadistische, satanische, rituelen die met het uitoefenen van zwarte magie gepaard gaan. Het gaat om praktijken als verkrachting, afwijkende perverse seks, sadisme, martelen en vermoorden (offeren) van onschuldige slachtoffers, die van de straat werden geplukt. De voorkeur ging natuurlijk uit naar joden en communisten. De kern van de Thule Groep was een bende satanisten die bedreven waren in de zwarte kunst. In hun ceremonieën stond de liefdeloze, dierlijke geslachtsdaad centraal en dronken de deelnemers van een elixir dat gebrouwen was van een mengsel van vrouwelijke en mannelijke lichaamsvochten. Deze praktijken werken erg verslavend en je kan er slechts de laagste regionen van de astrale wereld, de woonplaats van duivels en demonen, mee binnentreden. Je wordt door lagere entiteiten bezeten en je valt hulpeloos ten prooi aan de krachten der Duisternis. Je slaat de weg naar de Hades in en je wil verziekt.

Nu waren de astrale centra van Hitler geopend en de demagoog-redenaar, volksmenner en propagandist in hem kwamen tot leven. Hij werd een Militant in dienst van de duivel. Hij bezat nu de magische kracht om zijn wildste hartstochten op zijn toehoorders over te brengen. Hij was in staat om contact te maken met het onderbewustzijn van de menigte. Hij bespeelde de diepste geheime verlangens, onuitgesproken gevoelens, persoonlijke antipathieën en het leed van een hele bevolking. En als een rattenvanger van Hamelen bracht hij zijn toehoorders instinctief in zijn ban. Zo leidde hij zijn volgelingen weg van de realisering van de individuele menselijke geest. Het collectieve individuatieproces werd in het Duitsland van die tijd, in de kiem gesmoord. Hij beroofde zijn landgenoten van hun ware lotsbestemming en sneed hun weg af naar onafhankelijkheid en vrijheid. Door middel van verwrongen rassentheorieën stortte hij een hele natie in de morele afgrond en voedde hij de collectieve schaduw van een heel volk.

Hieronder vind je het schaduw-o-gram van Adolf Hitler. Ik heb ineens alle vakjes zwart gekleurd want ik zie geen enkele vorm van transformatie. Hij ziet zichzelf als de Redder, de Verlosser, de Heiland, de Messias, die de joodse en christelijke godsdienst afschaft en het nationaalsocialisme als nieuwe religie in de wereld zet. In zijn Derde Rijk geeft hij zijn volk wat een Herrenvolk van het Arische ras toekomt en hij maakt de bloedlijnen zuiver. Als jonge Dromer heeft hij een visioen waarin hij in het bezit is van de lans van het lot, de talisman van macht, zodat de wereld aan zijn voeten ligt. Via zwarte magie slaagt hij erin om zijn duistere imaginaties over een nieuwe wereldorde via het Veld te manifesteren. De Rebel in hem zet zich af tegen de gevestigde orde, het christendom en het jodendom. De Flamboyante en modebewuste Hitler laat zichzelf en zijn volgelingen kleden door Hugo Boss. Thinking outside of the box brengt hem ideeën over het bouwen van nieuwe steden in een totaal nieuwe architecturale stijl die op geen enkele manier het verleden imiteert. Je zou op zijn minst kunnen zeggen dat al zijn ideeën vernieuwend zijn, alleen waren ze ontdaan van vooruitstrevendheid, mensenlievendheid en moraliteit. Als een perfectionistische Workaholic zet hij een geoliede bureaucratische machinerie op gang die in no time zes miljoen joden ombrengt,

Het schaduw-o-gram van Adolf Hitler

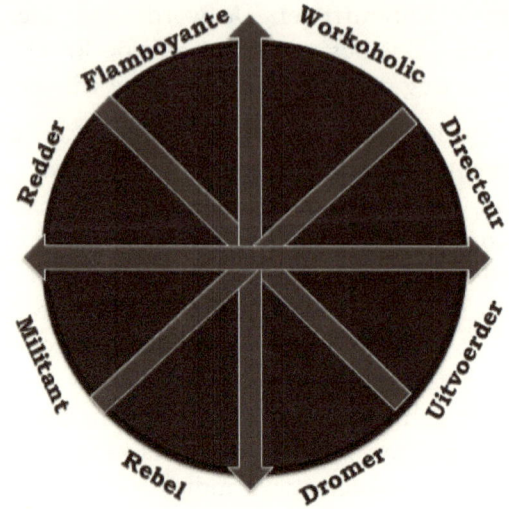

alsof het over de verdelging van ratten gaat. Na WOI opereert hij als de demonische Uitvoerder, die als een achterbakse spion meewerkte aan het uitroeien van de communisten. Hij is de Directeur, de CEO, de Führer die bepaalt en aan wie je onvoorwaardelijke gehoorzaamheid verschuldigd bent. En als hij op zijn balkon de grote menigte toe-krijst zien we een Militant die succesvol het gedachtengoed van de antichrist verkoopt.

Als we de DISC (zie boek 2) toepassen op Hitler 's derde rijk krijgen we een schoolvoorbeeld van massaal nazistisch, symbiotisch, onvolwassen groen; ziekelijk decadent tegen de mensheidsontwikkeling dwarsliggend geel; mierenneukerig dwangmatig blauw met meer dan zeventig miljoen dodelijke slachtoffers als resultaat en fascistisch, controlerend rood met de slagzin "bevel is bevel" als allesoverheersende mantra.

In boek 1 toon ik aan dat dramatische scripts het gevolg zijn van trauma en dat de bovengenoemde schaduwaspecten het resultaat zijn van een overlevingsstrategie. Alice Miller (1923-2010) is een Poolse psychologe, die lang werkzaam was in Zwitserland. Zij is bekend omwille van haar onderzoek naar en haar strijd tegen kindermishandeling. Ze neemt in haar boek, "In de beginne was er opvoeding" met veel empathie, Hitler 's jeugd onder de loep. Want, zegt ze achter elke misdaad gaat een persoonlijke tragedie schuil. Ze zoekt verklaringen voor zijn ronduit pathologisch gedrag. De aan grootheidswaanzin lijdende Hitler vertoonde alle symptomen van psychopathie, narcisme en paranoia. Bovendien bleek hij impotent en onvermogend om een normale liefdevolle, seksuele relatie met een vrouw aan te gaan. Haar conclusie is dat Hitler door een gefrustreerde, tirannieke vader geslagen en mishandeld werd als zeer jong kind. Het begon reeds toen hij nog geen drie jaar oud was. Vader terroriseerde heel het gezin en sloeg zonder aanleiding. Dat deed hij enkel om zijn eigen vegetatief systeem te reguleren. In die tijd was dat normaal en noemde men dat opvoeden. Gruwelen die mensen elkaar aandoen zijn voor Miller altijd het resultaat van een onbewuste herhalingsdwang, van wat ze in hun eigen jeugd hebben moeten doorstaan. Het gedrag dat ze later als volwassene ten toon spreiden vertelt minutieus na wat ze aan vroegtijdige mishandeling, vernedering en psychische verkrachting hebben moeten ondergaan. De gezinsstructuur waar Hitler in opgroeide noemt Miller het prototype van een totalitair regime, waar vrouw en kinderen totaal onderworpen waren aan de wil, het humeur en de grillen van een almachtige vader. Van kinderen wordt geëist dat ze zich door ouders moeten laten vernederen en verachten, terwijl ze de persoon die hen dat aandoet moeten liefhebben en respecteren. Maar een kind dat geen respect krijgt, ontwikkelt geen zelfrespect en ook geen respect voor anderen. Hoe Hitler als kind zijn vader ervoer zien we in zijn verschijning als megalomane, geüniformeerde, stramme en lichtelijk belachelijke dictator. Hij was de uitverkoren zondebok van zijn vader en in het Derde Rijk krijgt het Joodse volk dezelfde functie. Als Führer en dictator internaliseerde hij zijn vader en zijn innerlijke zondebok projecteerde hij op de joden, die volledig ontmenselijkt en compleet rechteloos naar de slachtbanken werden afgevoerd. Het tot gehoorzaamheid gedrilde en van plichtsbesef vervulde Duitse volk, lag aan zijn voeten, aldus Miller.

Over de relatie tot zijn moeder vertelt Miller ook het één en ander. Zij was zeker geen sterke vrouw die zichzelf respecteerde, maar eerder de onderdanige slaaf van haar man. Ze koos steeds zijn zijde, want hij dwong "angst " en "respect" af. Hitler 's moeder werd al zwanger van zijn vader toen diens eerste vrouw nog op sterven lag. Ze was vierentwintig jaar toen ze met hem trouwde. Hij was er achtenveertig. Haar eerste drie kinderen stierven voor twee jaar aan difterie. Dan kreeg ze Adolf. We weten niet hoe haar rouwprocessen zijn verlopen. Maar we kunnen er ons wel één en ander bij voorstellen, gegeven dat haar man een ongevoelige, gefrustreerde en vaak dronken despoot was. Projecteerde ze, zoals vaak gebeurt, alle goede eigenschappen op haar overleden kindjes? En was de toegewijde liefde tot haar zoon, die door vele bio-grafen van Hitler wordt bezongen, geen uiting van emotionele incest? Bij emotionele incest of ook wel tweede graad-symbiose genoemd, moet het kind erg vroeg de emotionele zorg van een ouder, in dit geval de moeder, op zich nemen. Zo krijgt het kind in zijn verbeelding de taak toegewezen om zijn moeder "in leven te houden" en op die manier werd Hitler de heiland die zijn emotioneel onvolwassen moeder moest redden. Kinderen doen dat door "braaf", "flink" en "zoet" te zijn. Dit zou Hitler 's narcisme, zijn impotentie, zijn sadomasochistische neigingen en zijn ver doorgedreven vrouwenhaat kunnen verklaren.

In mijn vorige werken spreek ik over het ontstaan en het transformeren van scripts. Een dramatisch script kan je genezen via een rouwproces. Een gezond gedane rouw – en daar is moed voor nodig - is altijd een emotioneel groeiproces. In de hellevaart, naar de onderste krochten van de Hades, wordt alles uit je script, wat niet essentieel is weggebrand. Dan kom je dichter bij de kern van wie je werkelijk bent, altijd al was en opnieuw mag gaan worden. Hier grijpt het individuatieproces plaats. Adolf Hitler vond zijn weg naar de Onderwereld via de nihilistische literatuur van Nietzsche, de mythologische verhalen over Klingsor en het gebruik van hallucinogene drugs. Hij koos de laffe en gemakkelijke weg van de zwarte magie. En in plaats van zijn individuatieproces te voltooien sleepte hij een hele generatie mee de afgrond in en smeerde hij zijn eigen ondraaglijke agonie uit over grote delen van de wereld.

De collectieve schaduw van de 21ste eeuw

Ervin Laszlo (1932) is een Hongaars wetenschapsfilosoof. Hij heeft een doctorsgraad aan de Sorbonne en heeft vier eredoctoraten. Hij doceerde filosofie, systeem-wetenschappen en futurologie aan verscheidene universiteiten in de Verenigde Staten. Hij is de grondlegger van de Club van Boedapest, een informele internationale organisatie, van wat ik Nieuwe Mensen noem. Hij noemt ze de cultureel-creatieven. De leden streven via kunst, literatuur en spiritualiteit naar een vreedzamer, rechtvaardiger en duurzamer wereld, die uitgaat van het nieuwe paradigma. Hij wil de problemen in de wereld op een integrale, mondiale, holistische manier benaderen en schreef verschillende boeken die de mensheid moeten verwittigen voor naderende wereld-catastrofes, die zich op vele vlakken zouden kunnen voordoen. In zijn boek "Het Chaospunt" geeft hij bewijzen met exacte cijfers, zoals die in 2006 waren. Ik neem een greep uit de nauwkeurig onderzochte en met cijfers ondersteunde waarschuwingen en onheilsvoorspellingen. Hij heeft het over de kloof tussen arm en rijk die steeds groter wordt. De wereldbevolking groeit exponentieel, vooral in de arme landen. Dat brengt roofbouw op de landbouwgronden met zich en dus nog meer honger. Verontrustend, vooral in de ontwikkelingslanden is ook de toenemende kinderarbeid, kinderprostitutie en misbruik van kinderen in kinderpornonetwerken ten behoefte van de pedofielen. Het geweld, oorlogen en terrorisme nemen toe, samen met de verhoging van de budgets voor "landsverdediging" en het groeien van de wapenhandel. De voedselreserves nemen af en heel wat landen zijn niet in staat om in hun eigen levensonderhoud te voorzien. De beschikbare hoeveelheid drinkwater vermindert. Vervuiling ten gevolge van het gebruik van fossiele brandstoffen leidt tot klimaatsveranderingen en natuurrampen. De rijkste twintig procent van de wereldbevolking consumeert elf keer zoveel energie, eet elf keer zoveel vlees, heeft negenenveertig keer zoveel telefoonaansluitingen, en bezit vijfenveertig keer zoveel auto's. De helft van het netto-bezit van de wereldbevolking is in handen van vijfhonderd miljardairs, wat wil zeggen dat er meer dan genoeg is opdat iedereen een fatsoenlijke levensstandaard zou kunnen hebben. In de V.S. woont 4,1% van de wereldbevolking en ze gebruiken 25% van de geproduceerde wereldenergie. De welvarende landen gebruiken 80% van de mondiale productie van energie. Verder heeft Laszlo het over het verbruik van drink water, waar weerom de Amerikanen op kop lopen, terwijl er in de arme landen een nijpend tekort is. Een groot deel van het drinkwater wordt in het Westen door de wc gespoeld. Verhelderend is de informatie over de hebzucht in de Westerse eetgewoonten. Op jaarbasis geven Amerikanen die zich zorgen maken over hun gewicht, dertig keer zoveel uit aan afslankingsmiddelen als het totale NV budget voor honger-bestrijding. In het westen is men dol op rood vlees, rundsvlees dus. Voor de productie van een kilo rundvlees op basis van graanvoeders is de oogst van honderdnegentig vierkante meter landbouwgrond en honderd en vijf duizend liter water nodig. De productie van een kilo sojabonen vereist zestien vierkante meter landbouwgrond en negenduizend liter water. Dezelfde hoeveel landbouwgrond die nodig is voor één kilo rundvlees zou dus twaalf kilo sojabonen en bijna negen kilo mais opleveren. De afgelopen vijftig jaar is de vleesconsumptie vervijfvoudigd. Als we weten dat er niet voldoende graan is om deze beesten mee te voeden, wat krijgen ze dan te eten? De dolle-koeienziekte was het gevolg van het feit dat er zieke, dode schapen in hun voeding vermalen werd (noot van mezelf). Verder is het vlees tegenwoordig gecorrumpeerd met chemicaliën, anabole steroïden, groeihormonen, antibiotica enzovoort. En toch willen meer en meer mensen vlees eten, ook in de arme landen. Als de hele wereld zoveel vlees als de Amerikanen zou gaan consumeren, hebben we twee reserve-aardes nodig voor de graanproductie. Laszlo heeft het dan nog niet over de absoluut amorele, wreedaardige en onmenselijke manier waarop veel boeren met hun dieren omgaan of de wijze waarop ze naar de slachtbanken worden geleid en gedood worden. Enfin Laszlo 's conclusie is dat meer mensen te eten zouden hebben als we minder vlees en meer granen en groenten zouden verorberen. Het zou ook gezonder zijn. Verder wijst Laszlo erop dat de teelt van tabak, koffie en andere drugs, miljoenen arme mensen berooft van vruchtbare gronden waar eetbare gewassen op zouden kunnen worden geteeld. En dat staaft hij weerom met de nodige cijfers. Interessant is hoe Laszlo het mondiale geldstelsel onder de loep neemt. Op wereldniveau groeit de economie. Dit gebeurt vooral in de Verenigde Staten, China en een paar Aziatische landen. Maar de VS consumeren te veel en voeren te weinig uit. De Aziatische landen consumeren te weinig en voeren te veel uit. Dat verstoort het evenwicht. De handelsbalans van de VS staat teveel in het negatief, terwijl de Aziatische banken dollars met bakken verzamelen. Dat zou ertoe kunnen gaan leiden dat de dollar als overgewaardeerde muntsoort zijn waarde gaat verliezen. Meer dan twee-derde van de mondiale geldreserves wordt aangehouden in dollars. Laszlo heeft het dan nog niet over de valsmunterij en het aantal valse dollarbiljetten die in omloop zijn, wat de inflatie zeker niet ten goede komt. Aziatische banken met grote reserves aan dollars worden op die manier door de VS en hun fiscale politiek gegijzeld. Als de dollarkoers onder zware druk komt te staan verliezen ze miljarden. Dus de Amerikaanse schulden lopen meer en meer op, terwijl de dollar eigenlijk geen fluit meer waard is. Als deze luchtbel uiteenspat stort de Amerikaanse economie als een kaartenhuisje in elkaar. De Aziatische banken gaan failliet en de lang verwachte bankcrises op wereldschaal sleuren de totale wereldeconomie mee de afgrond in. Ondertussen financiert de hele wereld mee aan de overbestedingen van de Amerikanen. Maar voor hoe lang nog?

Laszlo is niet bezig met het zoeken naar onderliggende oorzaken of samenzweringstheorieën. Hij analyseert, becijfert en informeert. Maar boze tongen beweren dat Bush onder druk van het Amerikaanse bankwezen (de Rockefellers en de Rothshilds), Irak is binnengevallen omdat Sadam Hoessein voortaan euro's voor zijn olie wilde hebben. Om dezelfde reden, zou kolonel Qadhafi van Lybië hetzelfde lot zijn ondergaan. Hoe zullen de Amerikaanse leiders en hun schaduwregeringen (lees, de banken) reageren als de wereldeconomie voor een andere en sterkere munteenheid zou gaan kiezen? Ondertussen staat de wereldeconomie op ontploffen. Is voor de Illuminati de enige uitweg om hun dollars veilig te stellen het voeren van een alles vernietigende en bevolkingsdecimeterende derde wereldoorlog? Want daarna zouden ze hun Wereld Management Team in alle openlijkheid kunnen installeren.

Maar laten we terug gaan naar Laszlo 's "Het chaos-punt". De fysische hulpbronnen en biologische rijkdommen dalen en de vraag ernaar wordt groter. Op wereldniveau stijgt de vraagcurve en daalt de aanbodscurve. Op dit moment kruisen de twee curven elkaar. De zeeën zijn grotendeels beroofd van hun vissen. De regenwouden worden verder gekapt. De aardolie raakt op. En de zoetwaterreservoirs raken uitgeput, terwijl de vuilbergen stijgen. Ondertussen wordt de ecologische voetafdruk alsmaar groter. Als de ecologische voetafdruk van een gemeenschap groter is dan zijn territorium, dan kan deze gemeenschap niet in zijn eigen levensbehoefte voorzien. Dit is voor de meeste steden het geval en de steden breiden alsmaar uit. Meer en meer steden worden omringd door sloppenwijken. In de VS vestigen arme mensen, wiens huis, wegens plotselinge werkeloosheid werd aangeslagen door de banken, zich in caravans aan de randen van de grote steden. Als we zo verder gaan wordt de ecologische voetafdruk van de mensheid groter dan de biosfeer. In Laszlo 's boek vinden we de volgende cijfers. Iedere minuut gaat er eenentwintig hectare regenwoud verloren, waait of regent er vijftig ton vruchtbare bovenlaag weg, wordt er twaalfduizend ton kooldioxide de lucht in geslingerd door verbranding van aardolie. Elk uur verandert er zeshonderdvijfentachtig hectare productieve droge grond in woestijn en iedere dag komt er op het Noordelijke halfrond tweehonderdvijftigduizend ton zwavelzuur omlaag in de vorm van zure regen. Afval, kernafval en chemische afval wordt legaal en illegaal gedumpt in zeeën, rivieren, onderaardse grotten, enzovoort. Ondertussen krijgen meer en meer mensen last van allerlei allergieën, huidproblemen, intoleranties voor allerhande voedingsmiddelen, ziektes van longen en luchtwegen en vele andere aandoeningen, waaronder stressziektes. Laszlo wijst erop dat, als we onze planetaire thuis niet willen opgeven er zich dringend een transformatie in ons denken moet voordoen. Want zegt hij, zoals Einstein reeds aangaf, het soort denken dat de problemen creëert is niet in staat om die problemen op te lossen.

Zelf heb ik er in mijn vorige werken reeds op gewezen dat we onze realiteiten niet creëren met ons denken, maar via onze diepste onbewuste script-overtuigingen. Trouwens de meeste mensen kunnen niet denken. Ze zitten vast in allerhande geloofsstructuren. Slechts vijftien procent van onze energie leeft in onze Volwassen-ego-staat, zestig procent van onze energie leeft in het Kind. De meeste mensen functioneren op automatische piloot. Ze zijn niet vrij. Hun gedrag wordt aangestuurd vanuit het script en berust op herhalingsdwang. Het is niet het logisch denken vanuit de frontale cortex wat bepaalt, maar de emotionele hersenen uit het limbisch systeem. Daar wordt het script geschreven. Volgens de geschiedenisboeken zouden onze beschavingen hooguit achtduizend jaar oud zijn. Grote delen van de wereldbevolking toeft collectief nog steeds in een zeer onvolwassen symbiotische staat. In het westen ontwikkelde zich sinds de zeventiende eeuw een "denken" vanuit een ver afgeweken en pathologische collectieve integratiefase. Dat heeft geleid tot een groot geloof in een amorele, cartesiaanse, materialistische en empirische wetenschap, die alleen 3D voor vol aanziet. Deze wetenschap, die vooral het ego van zijn beoefenaars en hun geldbeurs dient, is niet bezig met uitvindingen die het algemeen goed dienen. Een amorele wetenschap die zich ontwikkelt binnen corrupte democratische systemen, die enkel de privébelangen van de multinationals en hun aandeelhouders dienen, laat zich gemakkelijk misbruiken. Het resultaat is een hoog ontwikkelde technologische cultuur zonder moraal.

En dat leidt dan zeer snel naar toestanden zoals ze hierboven door Laszlo worden beschreven.

Het zijn dus de persoonlijke, collectieve, culturele en bedrijfs- scripts die het aanzien van de wereld bepalen. Deze scripts zijn onder invloed van massamanipulaties en mind-controle. Boven- dien worden ze vooral pre-verbaal geschreven. Er is dus geen logi- ca in te vinden. Ze hangen met haken en ogen aan elkaar. Ze die- nen om de in de kindertijd opgedane trauma's te overleven en ge- traumatiseerde mensen kan je makkelijk brainwashen. Miller gaat ervan uit dat het gedrag van volwassenen een afspiegeling is van hoe ze als kind werden behandeld. En dat was vaak met een groot gebrek aan respect. Jung zegt dat als je het onbewuste niet bewust maakt, het je leven zal leiden en je ervan overtuigd zal zijn dat het je lot is. Wat hierboven wordt beschreven, is het resultaat van een wereldscript dat zelfvernietigend is. En dat wereldscript is de som van alle individuele scripts, scripts van bloedlijnen, col- lectieve scripts en bedrijfsscripts. Tot nu toe heeft dat alleen maar hebzucht, armoedebewustzijn en een groot gebrek aan moreel denken laten zien.

Nu heb ik het in mijn eerdere werken over de Nieuwe Tijdsmen- sen (lichtwerkers) die getuigen van een hoger bewustzijn en een beter functionerend moreel kompas. Hun aantal groeit gestaag en zij zouden wel eens de fundamenten van een Nieuwe Wereld kun- nen vertegenwoordigen, terwijl de oude wereld zienderogen af- brokkelt. Door het analyseren van de cijfers komt Laszlo tot de- zelfde conclusie. Hij is de man die observeert, analyseert en in- formeert. Hij rijkt oplossingen aan voor de symptomen, zonder naar de oorzaken te zoeken. En daarmee probeert hij vanuit het- zelfde denken wat de problemen veroorzaakt heeft, de problemen op te lossen. Dat lukt natuurlijk nooit. Want moraliteit kan je niet opleggen.

Hij ontwikkelt een Utopia waar we tegen 2025 met zijn allen we- reldburgers moeten zijn in een holistisch, gestructureerde duur- zame beschaving. Hij verwerpt het fragmentarische en mechani- sche van het Industriële Tijdperk en daarmee dus het materialis- tische Cartesiaanse paradigma. Hij propageert het nieuwe para- digma waar mensen er zich van bewust zijn dat alles met elkaar verbonden is en dat de wereld die je creëert het resultaat is van deze overtuigingen. Dergelijke opinies genereren inderdaad meer respect voor alles wat ons omringt. En dan omschrijft hij een maatschappij die je alleen kan realiseren met Nieuwe Mensen, die de individuatie- en socialisatiefase volop beleven. Ik denk dat het te optimistisch is om te zeggen dat we dit tegen 2025 kunnen bereiken. Volgens mij is het ook een illusie dat je met een opgelegde visie en de noodzakelijke wil ertoe in één twee drie (enkele decennia) deze samenleving kan installeren. En weer komt Laszlo met cijfers. Volgens onderzoekers zouden in de VS bijna 25% van de bevolking tot de Nieuwe Mensen behoren, Laszlo noemt ze de Cultureel-creatieven. Bovendien wordt deze bevolkingsgroep, die voornamelijk uit jongeren bestaat steeds groter, terwijl de groep van de conservatieven "uitsterft" en dus kleiner wordt. Dat is bemoedigend. Maar op wereldvlak, waar grote delen van de bevolking leeft in symbiotische patriarchaten waar vervolgende pig-parent-goden worden aanbeden, waar vrouwen en kinderen nog worden onderdrukt en misbruikt, en waar de bevolking exponentieel groeit, betekent dit cijfer volgens mij absolute peanuts.

In een ander hoofdstuk zegt Laszlo dat we, in het ons eigen maken van een nieuwe moraliteit, een aantal voorbijgestreefde overtuigingen moeten afwerpen en ze door nieuwe moeten vervangen. Hij verwerpt de survival of the fittest ethiek, het cartesiaans materialisme en de principes van een vrije markteconomie. Wat moraliteit betreft kunnen we ons baseren op de in 1990 door de Algemene Vergadering van de Verenigde Naties verkondigde "Universele Verklaring van de Plichten en Verantwoordelijkheden van de Mens" en het credo van Gandhi: "Leef eenvoudig zodat ook anderen een menswaardig bestaan hebben." Verder dien je je bewustzijn te ontwikkelen, want dat is de sleutel tot een nieuwe wereldbeschaving, wat op zijn beurt de sleutel is tot het voortbestaan van de mensheid. Laszlo heeft het dan over het nastreven van een veranderende bewustzijnstoestand die je kan bereiken via mediteren en bidden. En dit zou ertoe moeten bijdragen dat je je losmaakt van het materialistisch denken in 3D en dat je opnieuw in contact komt met jezelf. Eigenlijk zegt hij dat je je parasympaticus dient te genezen en het boeddha-geluk in jezelf dient te verwerven. Want wie zich deze geestesgesteldheid eigen maakt, krijgt vanzelf een holistische wereldvisie en leeft als vanzelfsprekend in harmonie met zijn omgeving.

Dit zijn enkele recepten die Laszlo geeft om de volledige ineenstorting van de menselijke beschaving te voorkomen en de Nieuwe Wereld te installeren. De vraag is of we van een keuze kunnen spreken bij een overwegend symbiotische wereldbevolking met een collectieve "denk niet". Zullen de Nieuwe Mensen, de Cultureel-creatieven of ook de Licht-werkers genoemd de op komst zijnde catastrofe tijdig kunnen afwenden?

Hoe je Kwaad met Kwaad kan genezen

Samuel Hahnemann (1755-1843) was een Duitse arts en chemicus. Hij is de grondlegger van de Homeopathie. Het gaat om een geneeswijze die gebaseerd is op het gelijksoortigheidsbeginsel (similia similibus curentur). Dat wil zeggen dat een (verdund en gepotentieerd) middel geschikt is voor de behandeling van een aandoening, als dat zelfde middel bij een gezond persoon dezelfde symptomen opwekt als die waaraan de zieke lijdt. Je geneest dus Kwaad met Kwaad. Of met andere woorden, dat wat een set van symptomen kan produceren in een gezond individu, kan een ziek persoon met diezelfde symptomen genezen. De wetenschappelijke, empirische "denkers" die alleen 3D voor echt aanzien, claimen dat de geneeskrachtige werking van de gelijksoortige remedies niet wetenschappelijk bewezen is. Ze verwijzen de homeopathie naar de verdomhoek van de pseudo-wetenschappen. Vrijdenkers die aan subjectief of fenomenologisch vrij onderzoek doen en ervaren hoe zij, hun kinderen, huisdieren en planten meerder malen beter werden met homeopathische middelen, weten beter.

In zijn tijd kwam Hahnemann tot de ontdekking dat intoxicaties veroorzaakt door Belladonna op roodvonk leken. Een intoxicatie van Kinine leek op malaria en een intoxicatie van Arseen leek op cholera. Hij kwam vlug op het idee om het gelijksoortige met het gelijksoortige te bestrijden en dus ging hij een zieke mens met symptomen die op roodvonk leken behandelen met Belladonna, een aandoening die leek op malaria ging hij met kinine behandelen, enzovoort. Snel kwam hij er achter dat het toegediende vergif (Kwaad), waarmee hij de ziekte wilde genezen in zeer kleine hoeveelheden moest worden gegeven, anders was het dodelijk. Daarom vond hij het verdunnen en het potentiëren (schudden) uit. Verder kwam hij tot de conclusie dat je volgens de verscheidenheid van de symptomen ook de diagnose moest verfijnen en dat dus niet elke uitslag die bijvoorbeeld op cholera leek met Arseen te genezen is. Hahnemann besteedde heel zijn leven aan het ontwikkelen van de homeopathische geneeskunst. Hij haalde onnoemlijk veel successen. Veel van zijn conclusies vinden we terug in zijn "De Organon der geneeskunst", "De chronische ziekten" en "Materia Medica Pura". Deze werken getuigen van een uitzonderlijk empirisch waarnemingsvermogen, een grote affiniteit met het fenomenologisch vrij onderzoek en oneindig veel opgedane ervaring ten gevolge van een nimmer aflatende werklust. Hahnemann onderging de meeste geneesmiddelen-proeven zelf. Hij nam de gepotentieerde producten in en observeerde nauwgezet de veranderingen in zijn lijf en wezen. Ondertussen is het geweten dat niet alleen gedynamiseerde middelen een gelijksoortige en dus genezende impuls geven. Dat kan ook gebeuren via een woord, een gezegde, een gebeurtenis, iets wat je meemaakt of iets wat je leest.

Het is inderdaad waar dat je in het empirisch, Cartesiaans paradigma, wat enkel uitgaat van de zintuiglijke, materiële wereld (3D), de geneeskrachtige werking van homeopathische middelen niet kan bewijzen. In het nieuwe kwantum-paradigma wordt het geven van tekst en uitleg, een peace of cake. Dr. A. Voegeli 's boek "Gezondheid en homeopathie" geeft goede inzichten. Iedere cel in ons lichaam bezit een zeker energetisch potentieel. We noemen dat vitaliteit en verwijzen naar wat Rudolf Steiner en de Rozenkruisers, het etherlichaam of levens-lichaam noemen. Al deze energieën zijn in een gezonde mens in evenwicht. Het organisme functioneert normaal. Elk orgaan werkt harmonisch samen met de andere organen. De weefsels weerstaan de schadelijke inwerkingen van buitenaf (zoals microben en virussen). De klier-secreties, gewaarwordingen, gevoelens en gedachten zijn normaal. Bij een zieke mens veranderen die gewaarwordingen, onder de vorm van pijn, misselijkheid, moeheid, steken, hartkloppingen, angsten, branden of andere. Het algemeen welbevinden wordt slecht. De zieke voelt zich zwak, moe en futloos. Als hij nog zieker wordt zien we symptomen als prikkelbaar, asociaal, immoreel, gewelddadig of onverschillig. Nog erger wordt het als hij zich van alles gaat inbeelden, hallucineert en afschuwelijk droomt. Zijn geheugen, zijn intelligentie en opmerkzaamheid kunnen achteruit gaan. Tenslotte neemt zijn weerstand af en de vijanden van buitenaf (virussen, bacteriën) dringen binnen. Nu pas wordt het weefsel aangetast.

Klassiek geschoolde (allopathische) artsen kunnen een diagnose maken en een kuur voorstellen, als de ziekte zich effectief in het weefsel (3D) bevindt. Dan zien ze de weefselveranderingen en bepalen ze welk orgaan is aangetast. Vervolgens worden sterke chemische middelen ingezet om de bacteriën te bestrijden of het orgaan wordt weggehaald. Homeopaten daarentegen hangen een holistische visie aan. Het is nooit zo dat slechts één orgaan is aangedaan. De mens is altijd ziek in zijn totaliteit. Bovendien gaat de homeopaat ervan uit dat weefselveranderingen een oorzaak moeten hebben. Die oorzaak is een vermindering van de weerstand. Dat wil zeggen dat je levensenergie aangetast is. En het etherlichaam of levenslichaam kan je nooit genezen met onnatuurlijke chemische middelen. Integendeel, deze middelen tasten je levenslichaam nog verder aan. Bovendien kan de homeopaat reeds een middel bepalen dat je levenslichaam terug sterk maakt, lang voordat de ziekte in je materiële organen is geslopen. De homeopaat zal dan ook nooit tegen een patiënt die klaagt over verschrikkelijke hoofdpijnen zeggen: "Ik heb u grondig onderzocht en u kan er zeker van zijn dat u helemaal niets mankeert." Want hij weet dat veel ziektes zich op een hoger niveau, in meer etherische, fijnstoffelijke wezensdelen, dan het fysieke lichaam kunnen afspelen.

Nu is het logisch dat je om een etherlichaam of levenslichaam te genezen en terug krachtig te maken, je een etherisch en dus geen grofstoffelijk middel nodig hebt. Hahnemann ontdekte een werkwijze om energetische middelen te vervaardigen. Hierbij wordt de oer-substantie (de drug) omgevormd tot een verfijnde energie die de categorie van levensenergie benadert. Dat deed hij via fijnstampen, verdunnen en potentiëren (schudden). Deze gedynamiseerde homeopathische middelen bevatten dus geen enkele molecule grofstoffelijke substantie. Voor 3D geschoolde artsen en klassieke wetenschappers gaat het hier om pure oplichterij. Zij leggen het gepotentieerde geneesmiddel onder de microscoop en vinden niets meer terug. Maar Hahnemann die zijn geneesmiddelen onderwierp aan het proces van verwrijven, verdunnen en schudden, zette de chemische kwaliteiten ervan om (transformeren) in fijnere energetische kwaliteiten die de levenskrachten weer in evenwicht brengen. Of met andere woorden gezegd, hij ontdekte dat de geest of de essentie van substanties genezend kunnen werken wanneer er sprake is van gelijksoortigheid van het geneesmiddel met de gehele symptomatologie. Want de keuze van het homeopathisch middel wordt gedaan op basis van alle symptomen die de zieke vertoont en vernoemt. Genezing begint dus met een precieze zelfobservatie. Dat wil zeggen dat alle mentale, emotionele, zintuiglijke, functionele, en lichamelijke symptomen worden meegenomen in de zoektocht naar het juiste middel en de juiste potentie. De homeopaat bepaalt een remedie volgens de wet der gelijksoortigheid. Homeopathie is een causale geneeskunst en een individuele geneeskunst. Het maakt je beter door middel van een remedie welke past bij de vitale structuur van de individuele zieke mens. Haar taak is om alle functies van het menselijke lichaam te harmoniseren, zodat die al hun vitale taken terug naar behoren kunnen vervullen.

Als je aan een arts die de schoolgeneeskunde (allopathie) praktiseert, de definitie van "genezen" vraagt, zal hij je vertellen dat je genezen bent als je klachten (symptomen) verdwenen zijn. Deze geleerde arts zal je afhelpen van je huiduitslag. Echter als je later een leverkwaal krijgt, zal niemand de link leggen. Want wat aan de oppervlakte zat en ongevaarlijk was, is nu naar binnen gedreven. Als je deze nieuwe symptomen onderdrukt, komen er weer andere en meer gevaarlijke. Zo wordt de zieke geleidelijk in de richting van de dood gedreven. Deepak Chopra, in zijn werk "Quantum-genezing, een verkenning van het grensgebied tussen lichaam en geest" toont eveneens aan hoe allopathisch "verzorgde" patiënten vaak sterven aan de kuur.

De homeopaat ziet de symptomen niet als een uiting van de ziekte, maar van de strijd die het lichaam tegen de ziekte voert. Het gedynamiseerde middel ondersteunt je in die strijd. Daarom heb je na de inname vaak verergering-verschijnselen. Deze verergering-verschijnselen wijzen erop dat je het juiste middel hebt ingenomen. Dus een homeopathische wet is "primair verergering, secundair verbetering". Allopathische middelen werken omgekeerd. Primair is er verbetering, secundair verslechtering. Dat wil zeggen dat je steeds meer en sterkere middelen nodig hebt. Op den duur ben je verslaafd.

De bedoeling van homeopathie is het herstellen van het constitutionele evenwicht als totaliteit. Als het uiterlijke symptoom verdwijnt, moet dat gepaard gaan met een innerlijke vooruitgang. De patiënt moet snel, permanent en op een milde manier genezen. De genezing gebeurt van het centrum naar de periferie, van boven naar beneden, van binnen naar buiten en van de hoogst gespecialiseerde organen naar de primitievere. Als je reuma chemisch onderdrukt, komen er hartklachten. Als die hartklachten met homeopathie worden aangepakt, komt de reuma terug. Dan repertoriseert de homeopaat weerom alle klachten, waaronder de reuma. De aanpak is steeds holistisch. Er zijn ontelbare homeopathische middelen. Ze kunnen van minerale, plantaardige en dierlijke oorsprong zijn. Dat wil zeggen dat de homeopaat bij het bepalen van de juiste remedie enorm kan fijn-tunen.

In Nederland heeft de minister van Volksgezondheid, Welzijn en Sport, eind 2012 het grondwettelijk recht van keuzevrijheid, zelfbeschikking en vrijheid van meningsuiting geschonden door te verbieden om informatie over homeopathie te verstrekken of homeopathie in verband te brengen met ziekte en gezondheid. Dezelfde overheid moedigt vaccineren tegen allerlei ziektes aan. In Nederland worden meisjes EN JONGENS tussen tien en twaalf jaar massaal ingeënt met een vaccin tegen baarmoederhalskanker. Ondertussen is het – ook in de klassieke medische wereld – geweten dat vaccineren vele gevaren met zich brengt en zeker de "volksgezondheid" niet dient. Wat het wel dient is de portemonnee van de aandeelhouders van de farmaceutische bedrijven. Hiermee krijgen we dan weer eens een schoolvoorbeeld van de gevaren van massa-manipulatie en mind-controle, gestoeld op de collectieve "denk niet" en "weet niet", want wir haben es nicht gewusst.

De poelen des verderfs

In mijn vorig werk over kwantum transactionele analyse en de oude tijd, spreek ik in het hoofdstuk over esoterie en geheime kennis, over de Kamaloka-tijd als het antroposofische equivalent van het vagevuur. In de hogere sferen van de geestelijke wereld vinden we de hemel terug, het Devachan. In de antroposofie en bij de Rozenkruisers heb ik tot nu niets gevonden wat aan de hel doet denken. In het boek van Wilhelmina Mulder-Schalekamp (1906-1975), "Emed, zijn leven aan gene zijde" vinden we dat wel. Mulder-Schalekamp was een Nederlands schrijfster en medium. Ze schreef voornamelijk boeken over het leven na de dood. Van Emed beweerde ze dat hij haar gids aan gene zijde was. Hij geeft via haar een beschrijving van zijn leven in het hiernamaals. Het is een erg boeiend verslag.

Emed, die in zijn aardse leven Nick noemt sterft aan de pest op de leeftijd van eenendertig jaar. Hij wordt opgehaald door zijn gids, Red Eagle die hem naar de overzijde vergezelt. Daar krijgt hij vele lessen. Hij krijgt rap in de gaten dat er niet met gesproken woorden wordt gecommuniceerd, maar telepathisch. Gedachten worden er als het ware gehoord. Hij leert verder om te creëren via imaginatie. Zo slaagt hij er in om een zithoek met heerlijke kussens te voorschijn te toveren, zodat er in alle gezelligheid één en ander besproken kan worden. Hij leert om een drinkschaal met heerlijke verfrissende en energie-wekkende dranken uit zijn handen op te laten komen, die hij aan een vermoeide gestorvene kan aanbieden en snel kan hij zich met één gedachte kleden in de mooiste gewaden. Hij ervaart dat hij in de wereld van de gedachten leeft en dat elke idee de vorm kan krijgen die je er zelf aan geeft. Ook reizen gebeurt via gedachten-kracht. Je hoeft maar aan een locatie te denken en de volgende seconde ben je er al. Dit doet fel denken aan de wereld van de concrete gedachten zoals beschreven door de Rozenkruisers. Nu is het zo dat Steiner in zijn antroposofische uitleg nog verder gaat. Hij zegt dat in de loop van het vijfde na-Atlantische tijdperk de zielen van de mensen meer en meer zullen gaan gelijken op de gedachten en voorstellingen die zij in hun voorafgaande leven hebben gevormd. En in de toekomst zullen ze dan dat worden waarvoor ze zichzelf hebben aangezien. Dus alle overtuigingen (materiële of spirituele) die je in een leven hebt opgebouwd zullen de vorm bepalen waarin je de volgende keer incarneert. Kortom, de mens zal worden wat hij zich voorstelt en dat moet bijdragen aan het verhogen van het bewustzijn.

Verder in het boek wordt er iets weer gegeven wat aan de Kama-loka doet denken. In een dal staan wezens hun persoonlijke aard-se geschiedenis in de rotsen te beitelen. Dat is wat halsstarrige mensen, die onder geen beding hun misstappen willen erkennen moeten doen totdat ze zich alle fouten die ze in hun vorig leven op aarde maakten, herinneren en toegeven. Ook Emed krijgt de op-dracht om zijn levensboek te schrijven. Hier wordt hij bladzij na bladzij aan zelfonderzoek onderworpen. Hij moet zich zijn hele leven met alle goede en slechte daden herinneren. Emed biecht al zijn kattenkwaad op, maar omdat hij spijt en schaamte toont wordt er verder geen gevolg aan gegeven.

Emed mag als observator de poelen des verderfs bezoeken. Hij wordt meegenomen naar een zwart marmeren paleis, in een som-bere en kille omgeving. Daar toeven creaturen die op aarde zo misdadig waren dat ze de lichte omgeving waar Emed verblijft niet kunnen verdragen. Ontzet kijkt hij toe hoe donkere, schrille we-zens met duistere, woedende blikken hem aanstaren en hel en verdoemenis over hem afroepen. Aanvankelijk voelt Emed enkel ellende en walging en dan wordt hij overvallen door een allesover-heersend gevoel van medelijden en de drang om deze wezens te redden. Red Eagle legt hem uit dat je deze schepselen alleen kan helpen als ze effectief hulp vragen en oprecht berouw tonen. En Red Eagle belooft hem ook dat hij de taak om deze creaturen te verlossen, zal toegewezen krijgen, als hij daarvoor sterk genoeg zal zijn. Verder vertelt Red Eagle dat de zielen die in het zwarte paleis wonen bewust slecht waren op aarde. Ze hebben zich over-gegeven aan moord, machtswellust, vraatzucht, bedrog en valse getuigenissen. Zij erkennen hun fouten niet, tonen geen berouw en willen gewoon verder gaan met het misbruiken van hun me-demensen. Later slaagt Emed erin om omgeven door een be-schermend licht, hen te helpen die zich in angst en schaamte, murw geslagen door berouw, hadden teruggetrokken in de on-doordringbare duisternis en dus moeilijk te vinden zijn.

De poelen des verderfs worden eveneens mooi geïllustreerd in de Amerikaanse film "What Dreams May Come" uit 1998 door Vin-cent Ward, met Robin Williams in de hoofdrol en gebaseerd op de gelijknamige roman van Richard Matheson uit 1978. We krijgen er beelden te zien van het hiernamaals, zoals ze beschreven zijn in onder andere "De Goddelijke Komedie". In deze film, gaat een overleden echtgenoot, zijn geliefde vrouw die zelfmoord pleegde opzoeken in de hel. Hij slaagt erin om net op tijd met haar terug te keren uit de duistere poelen der eeuwige vergetelheid. En het is door de grote liefde die hen verbindt dat ze in hun opzet slagen.

Misschien dienen we in deze context ook iets te zeggen over Dante 's werk, "de Goddelijke Komedie". Dante Alighieri (1265-1321) was een Italiaanse schrijver en dichter. Zijn bekendste werk is "La divinia comedia". Hier verhaalt Dante over zijn denkbeeldige reis door het hiernamaals. Hij bezoekt de Hel (Inferno), de Louteringsberg (Purgatio) en het hemelse Paradijs (Paradiso). Dit werk, waar hij zowel auteur (observator) als acteur (hij die beleeft) is, wordt beschouwd als één van de hoogte-punten van de wereldliteratuur. Een comedia is in de middeleeuwen een verhaal dat droevig begint en vreugdevol eindigt. En we weten ondertussen dat de weg naar het licht via de duisternis gaat. We dienen verantwoordelijkheid te nemen voor ons karma, cq script en onze schaduw te transformeren. Dit werk kan dan ook gezien worden als het verhaal van de dichter die op vijfendertig jarige leeftijd in een diepe soort midlifecrisis belandt. Zijn gidsen, de archetypische Vergilius en Beatrice helpen hem om deze impasse in zijn leven te overwinnen. Op de louteringsberg doorloopt hij het louteringsproces wat met rouwen gepaard gaat en leert hij zich af te keren van de verslaving aan materiële, aardse zaken. In het paradijs kan hij zich richten op zijn onsterfelijke ziel en aanschouwt hij in het opperste geluk het goddelijke paradijs.

De hel beschrijft hij als een soort van trechtervormige put, die stijl afloopt naar het middelpunt van de aarde en zich vlak onder Jeruzalem bevindt. In dat middelpunt, in een meer van ijs, het centrum van de wereld bevindt zich Lucifer, het meest aardse wezen van het heelal. In de hel is er alleen wanhoop en dreiging. Er is extreme hitte en kou, hagel, sneeuwstormen, vuurregens en verstikkende dampen. Het landschap is onherbergzaam met scherp uitstekende rotsen, hete woestijnen, kille ijsvloeren, stekelige kreupelbossen, woest stromende rivieren en stinkende zwarte poelen. Hoe dieper je afdaalt in de hel, hoe slechter en boosaardiger de mensenzielen die je er ontmoet. Hier hekelt hij de morele decadentie van het toenmalige Florence en zijn politieke en kerkelijke leiders, door hun zonden en de daarmee gepaard gaande straffen uitvoerig te beschrijven. Daarom kan dit werk ook gezien worden als een politiek pamflet. Terwijl Dante afdaalt ontmoet hij allerlei zondaars, stuit hij op monsters en duivels en moet hij allerlei moeilijkheden overwinnen. In het voorgeborchte van de hel bevinden zich de heidenen zoals Averroes, Cicero, Euclides, Homerus, Ovidius, Socrates, Plato en Saladin. Ze zijn niet gedoopt en voor eeuwig verstoken van de goddelijke liefde. In de tweede onderaardse verdieping treffen we de wellustigen die voortgedreven werden door seksuele verlangens, zoals Cleopatra. De vraatzuchtigen zitten in de derde kring. Ze worden gemarteld door Cerebos. In de vierde kring zwoegen de hebzuchtigen en de verkwisters, die zoals Sisyfus zware lasten heen en weer moeten sleuren. In de vijfde kring bekvechten de agressievelingen tot in der eeuwigheid. In de zesde kring liggen de ketters in brandende open graven en in de zevende kring, in een kolkende rivier vinden we de geweldplegers, moordenaars, zelfmoordenaars, sodomieten, woekeraars en godslasteraars. In de achtste kring in verschillende kloven, onder de drek of vurige pek, boeten de bedriegers zoals de vleiers, de heksen en magiërs, corrupte politici en kerkvaders, huichelaars, dieven, slechte raadgevers, stichters van de Islam, alchemisten en vervalsers. In de negende kring en tevens het diepste punt van de hel zitten de Giganten, Titanen en Nephilim geketend.

Diametraal tegenover de hel, bevindt zich de louteringsberg. Daar zitten de berouwvolle zondaars te treuren en boete te doen. Dante daalt af tot de onderste krochten van de hel en klimt daar weer naar boven, de louteringsberg op. Daarbij moet hij over Lucifers harige lijf klimmen. De louteringsberg heeft zeven lagen, die de zeven hoofdzonden vertegenwoordigen, te weten: hoogmoed, afgunst, woede, luiheid, hebzucht, gulzigheid, en wellust. Op de top van de berg is het aards paradijs. De hemel bestaat uit negen kringen rond de aarde. God troont in de negende sfeer.

Dantes werk kan gezien worden als een metafoor van geestelijke opgang van de ziel tot (je eigen innerlijke) god. Het gaat om de geestelijke ontwikkelingsweg naar zedelijke vervolmaking. In de hel wordt je je bewust van je zonde. In het vagevuur betreur je berouwvol je zonden en na de reiniging die je er in je rouwprocessen ondergaat kom je in het goddelijke paradijs terecht (innerlijke rust of boeddha-geluk). In termen van kwantum transactionele analyse zou je kunnen zeggen dat je in je mensheidsontwikkelingsweg naar individuatie en socialisatie te maken krijgt met uitdagingen die karmisch en scriptmatig zijn en waar je dus zelf voor verantwoordelijk bent. Tegenslag nodigt je uit tot zelfwerkzaamheid en maakt je bewuster. In deze evolutie naar meer bewustzijn ontwikkel je je dierlijke astraliteit met zijn driften, verlangens en instincten naar een menselijke gewaarwordingsziel, verstandsgemoedsziel, bewustzijnsziel en een denkend *ik*. Of met andere woorden je groeit naar de geïntegreerde Volwassene doorheen het individuatieproces.

Tot op heden hebben we nog nooit met zoveel mensen de aarde bevolkt. Volgens de gnosis komt dat omdat de poelen des verderfs werden opengetrokken en alle boosdoeners nog eens een kans krijgen om in de huidige incarnatie op aarde naar meer menselijkheid te evolueren. Op die manier wordt het Kwaad over erg veel mensen verdeeld. Heel wat boosaardige creaturen uit de hel slagen erin om een beter leven te leiden. Anderen echter vervallen alweer in kwaadaardigheid en beschadigen hun medemensen aanzienlijk. Als zij zo doorgaan, zullen zij uiteindelijk in de achtste sfeer belanden.

De antihiërarchieën

In mijn eerste werk over "Kwantum Transactionele Analyse & Spiritualiteit" sprak ik reeds over de anti-hiërarchieën, te weten: Lucifer, Ahriman, de Asoera's en Sorat. In het kader van dit boek wil ik dieper op deze materie ingaan. Mijn bronnen zijn Steiner 's boeken: "Lucifer-Ahriman-Asoera's"; "Het kwaad in mens en wereld"; "De strijd van Lucifer en Ahriman in de mens" en "De elektronische dubbelganger". Verder doe ik beroep op een aantal artikels die ik op internet vond zoals "The Advent of Ahriman" van Robert S. Mason en enkele antroposofische blogs, zoals die van "Vrij geestesleven". In mijn vorige boeken gaf ik al aan dat tegenslag en weerstand nodig zijn. Ze geven een gefundeerde motivatie om onze weg naar meer autonomie, verantwoordelijkheid, maturiteit en vrijheid (het individuatieproces) in te slaan of te bestendigen. Wat we bij deze als resistentie op ons bord krijgen zijn de achtergebleven oppermachtige krachten in de aarde-ontwikkeling. In het boek over "Kwantum Transactionele Analyse & De Oude Tijd" schrijf ik in het laatste hoofdstuk over esoterie en geheime kennis. Om wat je nu gaat lezen goed te kunnen volgen, is het belangrijk dat deze materie uit boek 3 goed begrepen en geïntegreerd is. Want daarin geef ik in grote lijnen de inwijdingskennis van de Rozenkruisers en Rudolf Steiner weer. Het ging er onder andere over de zeven aarde-incarnaties, te weten: Oude Saturnus, Oude Zon, Oude Maan, Huidige Aarde, toekomstige Jupiter, Venus en Vulcanus. Deze zijn niet te verwarren met de huidige planeten. Bij elke incarnatie zakt de Aarde, met de zich ontwikkelende hiërarchieën, dieper af naar de dichte materie van de chemische sfeer. Op Saturnus kende men alleen hitte zonder vuur, de Archai stonden toen op het ontwikkelingsniveau van de mensen nu. Wij kregen er het begin van wat nu ons fysieke lichaam is. Op de oude Zon leefden we in lucht en licht. Hier kregen we ons etherlichaam en de aartsengelen stonden er op het ontwikkelingsniveau van de huidige mensen. Op de Oude maan, waar het element water werd toegevoegd kwamen we in het bezit van ons astraal lichaam en de engelen waren er zo ver ontwikkeld als de mensen van nu. Na de Aardefase, waar we o.a. ons *denkend ik* dienen te ontwikkelen komt de Jupiter-fase. Dan hebben wij het ontwikkelingsniveau van de engelen bereikt. De dieren zullen dan het ontwikkelingsniveau van de huidige mensen hebben, terwijl de engelen naar iets hogers zullen evolueren. En zo gaat het telkens verder. Met andere woorden (weerom Steiner 's woorden), wanneer de mens zich zo zal vergeestelijkt hebben dat hij zijn fysieke lichaam niet meer nodig heeft, werkt de mens als geestelijke leider van buitenaf op de planeet in. Dan is de taak van deze planeet vervuld en gaat ze over naar een volgende incarnatie. De aarde zal dan een nieuw planetair bestaan krijgen en de mensen zullen er goden zijn.

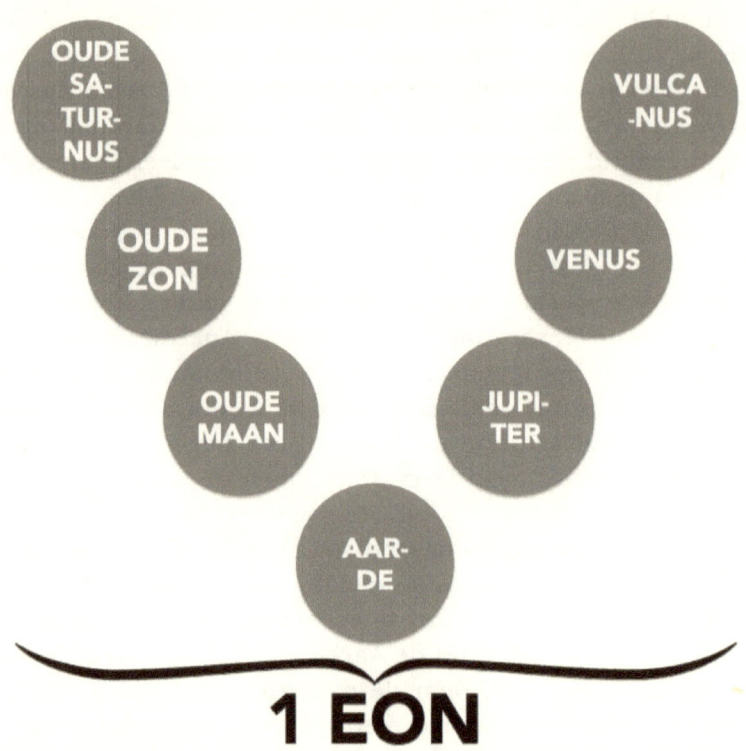

1 EON

Hier boven vind je een afbeelding van de zeven aarde-incarnaties of zeven planetaire sferen. Je kan zien hoe de aarde telkens in densere substanties afdaalt om uiteindelijk te belanden in de chemische, materiële sfeer van de huidige Aarde. In de tekst die volgt zal er gesproken worden in termen van afdalen en opstijgen. Dat dien je niet in de ruimtelijke zin op te vatten. Alle werelden: geestelijk, astraal, etherisch en chemisch bevinden zich op dezelfde plaats en doorstralen elkaar. Met afdalen wordt bedoeld, naar dichtere materie en opstijgen wil zeggen, naar fijnstoffelijker oorden.

In Steiner 's boeken lezen we dat de Mens als tiende hiërarchie de kosmische taak heeft om nu in deze vierde sfeer, liefde en vrijheid te verwezenlijken. De ontwikkeling van de wijsheid ging aan de ontwikkeling van de liefde vooraf. De liefde is nog niet volmaakt en overal waar liefde is, is strijd werkzaam. Daar waar wijsheid met liefde doordrongen wordt begint pas de aarde-ontwikkeling. En zij die de aarde-ontwikkeling bereiken zullen de liefde als natuurkracht op de volgende planeet brengen, want zo is ook ooit de wijsheid naar de aarde gebracht. Wij kijken op naar de goden als de brengers van wijsheid. In de volgende planetaire fase zal men naar ons opkijken als de brengers van liefde. En die liefde die door ons wordt voortgebracht is voeding en adem voor de goden. Maar wijsheid ligt aan de wereld ten grondslag en de liefde moet worden ontwikkeld. Wijsheid zal liefde besturen. Zoals wijsheid geboren is uit dwaling, worstelt liefde zich uit gevechten naar boven. De hemelse hiërarchieën zullen ons hierbij inspireren, maar wij zullen het zelf moeten doen. Want de tijd dat we met hen in symbiose leefden en door hen werden geleid is al lang voorbij. Met de godendeemstering hebben ze zich terug getrokken. We verloren onze atavistische helderziendheid en werden aldus verplicht om ons vrij denken te ontwikkelen en aan vrij filosofisch en wetenschappelijk onderzoek te gaan doen. We leven in de vijfde na-Atlantische cultuurperiode. Dat is over de helft van dit eon en het is nu aan ons om de wereldevolutie in handen te gaan nemen. De uitdagingen zijn groot, want de aangeboden weerstand is enorm. De antihiërarchieën zullen alles in het werk stellen om ons van ons pad af te brengen. Ze zullen ons verleiden om andere wegen in te slaan. Mensen met een gezond verstand en een klare kijk op het leven zullen zich niet licht van het goddelijke plan laten afbrengen. Anders is het gesteld met de zogenaamde "gelovers". De anti-krachten waarover we het zullen hebben, zijn in hun ontwikkeling achter gebleven hogere hiërarchieën. Zo zijn de Luciferianen, de op de Maanfase achtergebleven engelen. Ahriman en zijn bende zijn de op de Zonnefase achtergebleven aartsengelen en de Asoera's bleven in hun ontwikkeling achter op de Oude Saturnus. Sorat is van een nog machtigere en hogere orde. Hij ontstond ver voor dit eon. Hij is de schaduw van Christus zelf, de antichrist.

In de aardefase zijn er weerom zeven grote tijdperken, waar in de eerste drie, de vorige aarde-incarnaties en hun inwerking op de mens worden herhaald. In het Lemurische tijdperk grijpen de Luciferianen in op ons astraal lichaam, dat zich tegenwoordig heeft omgevormd tot de gewaarwordingsziel. Zij leveren driften en vurige hartstochten, maar ook wijsheid, (zelf)bewustzijn en eigenliefde. Ahrimanische wezens kwamen op de proppen in het Atlantische tijdperk waar ze vooral op het etherlichaam gingen inwerken. Nu inspireren ze onze verstandsgemoedsziel met illusies over het geloof in het materialisme. Ze leveren ons techniek en machines die als slaven voor ons werken en het aardse leven vergemakkelijken. Het wordt gevaarlijk als wij straks de (geestelijke) slaven van onze machines worden. In het huidige na-Atlantische of Arische tijdperk krijgen we te maken met de Asoera's. Zij dringen binnen in onze bewustzijnsziel en willen ons van ons *denkend ik* beroven. Zij zijn de IK-pikkers die onze menselijkheid en moraliteit willen kortwieken.

In de helft van de huidige aarde-ontwikkeling en dus in de helft van de Grieks-Romeinse cultuurperiode, incorporeerde het Zonnewezen Christus in het lichaam van Jezus. Deze grote Avatar, Jezus Christus stierf drie jaar later aan het kruis op Golgotha. De afdaling van geestelijk naar materie kreeg hier een keerpunt. De stijging van materie naar geest begon. De vruchten die in de materie verworven zijn, worden naar het geestelijke mee genomen. Anders gezegd, we zijn nu over de helft van dit eon heen en langzaamaan zal de aarde evolueren naar een hoger trillingsgetal. Ze zal stilletjes aan de materiële dichtheid van de chemische sfeer verlaten. Dat is nu juist wat Ahriman wil voorkomen. Hij wil ons kluisteren aan de materie. Het is de ambitie van Ahriman om de aarde vast te houden en te bevriezen in een complete rigiditeit, zodat de overgang naar Jupiter, Venus en Vulcanus niet kan gebeuren. Dan wordt de mens een aardse entiteit, volkomen onvrij, ongeïndividueerd en gescheiden van de geestelijke werelden. Ahriman, de vader van alle Leugens, verspreidt de illusie dat de materie de enige echte realiteit vertegenwoordigt. De mensen die hierin geloven zullen uiteindelijk belanden in de achtste sfeer, een rigide, bevroren, over-gematerialiseerde en versintelde planeet met een bijzonder laag trillingsgetal. Alleen de groei naar een hoger bewustzijn kan dit voorkomen. Met andere woorden, we dienen ons script te transformeren, onze schaduw aan te pakken, aan introspectie te doen en de aangeboden referentiekaders in vraag te stellen door ons eigen, eigenzinnige denken te ontwikkelen. Of anders gezegd, we dienen de Christus in onszelf, ons *ik*, te ontdekken (individuatie) en te laten groeien

De (huidige) vierde sfeer is de wereld van de verdichte imaginaties, waar de mensen hun vrije wil moeten leren hanteren. Maar voortdurend proberen Lucifer en Ahriman uit de aarde-substantie los te peuteren wat ze te pakken kunnen krijgen om er hun achtste sfeer mee te vormen. Deze achtste sfeer bevindt zich momenteel nog in de vierde sfeer. Later zal ze van de Aarde losgemaakt worden en met Lucifer of Ahriman een eigen wereldweg inslaan.

Ondertussen loop je voortdurend het risico dat je vrije wil afgenomen wordt en dat je in de achtste sfeer belandt. Dat gebeurt telkens als je je macht afgeeft en als een gelover of een volgeling doet wat anderen je voorschrijven. Dat kan de dokter zijn of de pastoor of de wetenschapper, of de leraar, of je ouders, of om het even wie, omdat die het wel beter zullen weten. Het is de bedoeling dat je je eigen oordeelskracht ontwikkelt, je eigen maatstaf wordt en in vrijheid je eigen weg bewandelt.

Gevaarlijk wordt het ook als het vrije wilselement omgevormd wordt in visionaire helderziendheid, want Lucifer is de meester der spirituele illusies. Occultisten, en zeker zij die hun gaven ten gelde maken, zullen dit niet graag horen. Want daar waar de vrije wil weggedrongen wordt door visionaire (atavistische) helderziendheid, is wat zich zo in de mens ontwikkelt, een buit voor Lucifer en Ahriman. Dat wordt onmiddellijk beetgepakt door Lucifer en Ahriman en is aldus voor de Aarde verloren. Zo zien wij, hoe als het ware de spookgestalten van de achtste sfeer geschapen worden, wanneer de vrije wil aan banden gelegd wordt. Laten we duidelijk zijn dat het hier niet gaat om een helderziendheid die verworven werd door eigen kracht en inspanningen.

Atavistische helderziendheid verschijnt plots op een of ander moment van je leven. Opeens ontvang je beelden uit de zogenaamde geestelijke wereld. Dikwijls zijn zulke waarnemingen het gevolg van een fysische of psychische disfunctie. Ware helderziendheid verwerf je door een strenge scholing waarin je denken en je wil worden gesterkt. Bovendien getuigen echte helderzienden van een hoogstaande moraliteit. Ze doen niet aan goedkope manipulerende voorspellingen en binden geen afhankelijke "aanhangers" of "volgelingen" aan zich. Voor deze atavistische helderzienden is het volgens Steiner een goed idee om deze af te leren en de scholingsweg van de ware helderziendheid te gaan. Want ook in de geestelijke wereld wordt de waarneming gefilterd, zodat er individuele percepties, projecties en illusies ontstaan. Het komt er in elk geval op aan om je vrije denken te ontwikkelen en dat is niet mogelijk voor iemand die "denkt" alles te weten via zijn "helderziendheid".

De theosoof G. De Purucker in zijn boek "Bron van het occultisme" spreekt van de achtste sfeer of de dode planeet als het gebied waarin totaal verdorven zielen tenslotte afdalen. Hun eigen grofstoffelijke magnetisme voert hen daar heen. Het is de geschikte woonplaats voor verloren zielen of afgedankte psychische entiteiten. Dit zijn menselijke zielen die de verbinding met hun innerlijke godheid verloren hebben en niet langer een geschikt kanaal zijn voor het spirituele leven. Ze zijn te zwaar om in de kamaloka te verblijven en zinken naar deze langzaam stervende planeet van ons zonnestelsel. Voor de theosofen vertegenwoordigt deze planeet van de dood, de hel. Ze is onzichtbaar omdat ze te dicht is en als een container voor menselijk afval optreedt. Nochtans moeten we er van uit gaan, dat alle zielen legio kansen krijgen om hun individuele ontwikkelingsweg op hun eigen tempo te gaan. Ook op deze zogenaamde dode planeet kunnen zij een aantal incarnaties ondergaan om zich voor te bereiden op een hogere toestand, zodat ze met een nieuwe stroom kunnen worden meegevoerd. Ik begrijp dat ze dan bijvoorbeeld kunnen inhaken op de ontwikkelingsweg van de elementalen of de dieren of de planten, om tenslotte toch nog tot een hoge vorm van wasdom te komen.

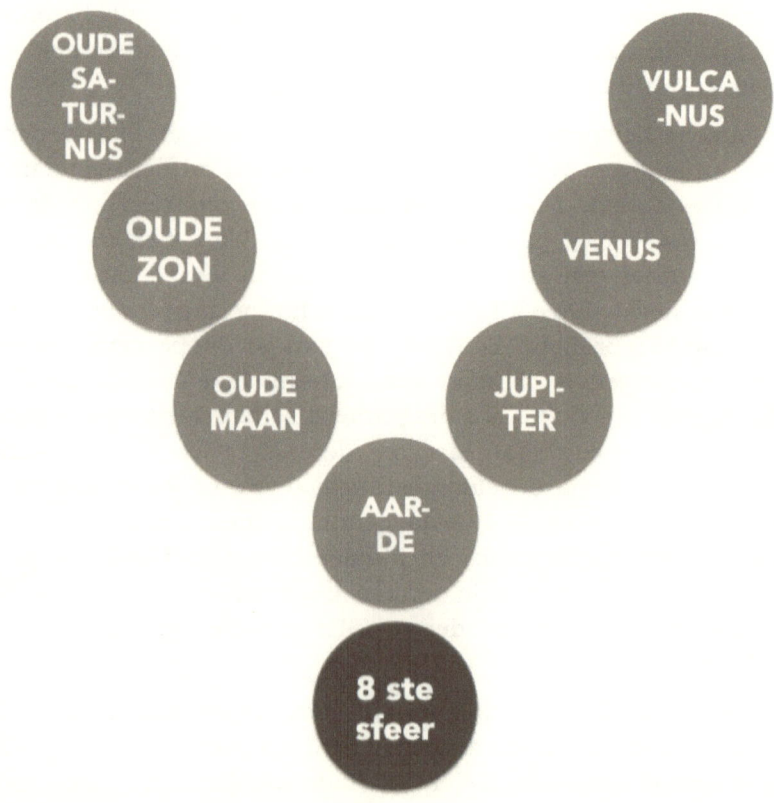

Maar hoe herkennen we nu deze fameuze Luciferische en Ahrimaanse invloeden? In deze tijd is Ahriman voor de mensen een niet te onderschatten uitdager. Lucifer is minder gevaarlijk en zijn kracht neemt af. Asoera die zich in de vijfde na-Atlantische periode begint te roeren zal een geduchte tegenspeler worden in de komende eeuwen. Ahriman is de grote inspirator achter het amorele en onbewuste "denken" in de huidige materiële, cartesiaanse wetenschap en het westerse economisch imperialisme. "De economische mens" is de representant van de graaiende bankiers en aandeelhouders van grote multinationals, die nooit genoeg hebben en ten dienste staan van de Nieuwe Wereldorde. Zij worden door Ahriman aangestuurd. De wereld koos voor de objectieve Baconiaanse wetenschap en niet voor het subjectieve Goetheaanse wetenschappelijk onderzoek. Voor Bacon is de natuur een hoer die op de pijnbanken moet worden gelegd zodat ze haar geheimen prijsgeeft. De Ahrimaanse wetenschap kapt alles in stukjes om het deeltje per deeltje te bestuderen. In een ver doorgedreven vorm kunnen we denken aan de onder de grond liggende tunnel in de vorm van een ring, in Zwitserland, namelijk CERN. Hier wordt op alle mogelijke manieren de materie tot het uiterste beproefd. We halen nog steeds kernenergie uit kerndeling en niet uit kernfusie. We hoeven nog niet zo ver te denken als we het hebben over de op de onschuldige dieren toegepaste vivisectie, of allerhande zogenaamd noodzakelijke wetenschappelijke proeven op dieren. Artsen in dienst van de farmaceutische industrie schrikken er zelfs niet voor terug om te experimenteren met mensen. Alles wat leeft wordt gereduceerd tot een dood ding dat je kan demonteren en onderzoeken.

Over Goethe sprak ik reeds in mijn eerste boek, in verband met het fenomenologisch of subjectief wetenschappelijk vrij onderzoek. Voor Goethe dienen we de natuur te benaderen als een tedere minnaar en dan zal ze misschien haar diepste geheimen onthullen. Goethe maakt contact met de natuur op een meditatieve manier, die ook nog eens bevorderend is voor de mensheidsontwikkeling. Hij ontwierp de fenomenologie aan de hand van waarnemingen in de natuur, nl via planten-studies. Fenomenologie noemde hij de methode om zich te richten op de waarneming van objecten, waarbij men zich zo oefent en schoolt dat de essentie van die objecten kan worden beleefd en tot inzicht wordt. Hierbij vertrouw je op je waarneming. Bij wat je waarneemt heb je niet meteen verklaringen als "logisch, want...", of oordelen als "vervelend, omdat..." en "oh, dan doe ik". Oordelen komen voort uit het denken en belemmeren dat je via de waarneming tot kennen komt. Goethe gebruikte voor die houding termen als 'terug-houding' en 'verwondering'. Waarnemen wordt meer dan een koel en feitelijk registreren, van een extern universum. Je bent persoonlijk betrokken. Je gaat een onderlinge, participatieve, interactieve relatie aan met je studie object, dat je benadert met liefde en empathie, alsof het een goddelijk wezen is. Je wordt zelf het waarnemingsinstrument en je blijft gericht op je ervaring, tot deze een 'fotografische' exactheid heeft bereikt. Zo ontstaat een 'aanschouwende denkkracht', die tot het begrip van de essentie van dat wat je onderzoekt leidt. Goethe spreekt van een "exacte zintuiglijke fantasie", waarin nieuwe kwaliteiten om waar te nemen, zullen groeien.

Niet alleen het Baconianisme is Ahrimanisch, ook het Darwinisme, dat de mens wil reduceren tot een dier. Ahriman wil dat de mensen gaan leven vanuit een soort van onbewust en spitsvondig instinct. "Denken" wordt een automatisme van een slim en aardegebonden beest. Het leven zelf wordt gereduceerd tot een complex van zich steeds herhalende, eentonige mechanische en rigide processen. Taal wordt een geheel van holle frases, die gemakkelijk tot leugens zijn om te vormen. Orwell noemt dit in zijn boek "1984", waar hij een griezelige toekomst voorspelt, "nieuwspraak". We denken hierbij aan de op pseudo-denken gestoelde, geprefabriceerde slogans waarin begrippen als "de vrije wereld" of "democratie" of "rechtsstaat" of "individuele vrijheid" uitdrukkingen worden zonder enige inhoud, want het tegenovergestelde is waar. Gelukkig zijn er schrijvers zoals de eerder genoemde Tolkien en Rowlings die de kunst van het spelen met taal verstaan en op die manier de nodige antidota verstrekken. Op een poëtische en artistieke manier creëren ze nieuwe woorden met beeldende woordformaties, terwijl ze eigen originele standpunten in 4D naar voren toveren. Mensen als zij vrijwaren een menselijke en spirituele cultuur. Laszlo legde zijn hoop eveneens neer bij wat hij de Cultureel-creatieven noemt.

In het politieke leven moedigt de versplinterende Ahriman nationalisme en rassenhaat aan. Hij inspireert het fabriceren van rigide, controlerende wetten, die weinig ruimte laten voor vrije initiatieven. Hij onderhoudt een geneeskunde die het menselijk lichaam beschouwt als een chemisch fabriekje waar symptomen worden weggenomen met chemische pillen. Dit geeft een illusie van genezen terwijl het lichaam alleen maar verder materialiseert zodat het straks rijp is voor Ahriman 's planeet van de dood. Hij vergiftigt sociologie, psychologie en economie met statistieken, tabellen en diagrammen. Hij bestendigt een aliënerende economie waar mensen hun kost verdienen met afstompend apen-werk. Hij geeft het concept "geld" aan de mensen en leert hen om hun ziel te verkopen voor materieel gewin. Hij zorgt voor een simplistische materialistische interpretatie van de heilige geschriften, zodat de Kerk het volk weg kan houden van een bijzondere spirituele beleving van de diepere occulte betekenis van de mysteriën. De Kerk en zijn holle rituelen zijn een schoolvoorbeeld van een mechanistische orkestratie die nergens op slaat. Ahriman vervreemdt de mensen van zichzelf met een ontzield en ontgeestelijkt wereldbeeld wat alleen maar kan leiden tot amoraliteit. Want het aan de hersenen gebonden pseudo-denken is asociaal. Het wordt bepaald door subjectieve en onbewuste instincten die in niets te maken hebben met de objectieve waarheid. Mensen in dienst van Ahriman, zijn er alleen maar op uit om de anderen in een diepe onbewuste slaap te wiegen om ze vervolgens te overheersen. En hiermee is de cirkel rond, want we begonnen dit boek met het verhaal van de Annunaki of de reptilians die de Nieuwe Wereldorde willen installeren en de mensheid willen knechten. Ahriman wordt vaak afgebeeld als een slang of een draak, die door Heer Michael bij zijn lurven wordt genomen en getemd. Dat is dan ook de afbeelding op de cover van dit boek. Maar hiermee is dit verhaal niet af. De strijd tussen de Michaël en Ahriman duurde bijna veertig jaar. In de herfst van 1879 werd Michael de volgende tijdsgeest. In dat jaar versloeg hij de Ahrimanische machten definitief. Hij verwijderde ze uit de geestelijke wereld en smeet hen op de aarde neer. Vanaf dan slopen de Ahrimanen in de hoofden en de harten van de mensen en schonken hen de industriële revolutie met zijn machines, auto's, elektronica, computers en zo veel meer. Ondertussen is het zenuwstelsel van Ahriman hier op aarde af, te denken aan alle elektrische leidingen en leidingen van glasvezel waardoor heen alle informatie van telefoon tot fax, tot betalen met betaalkaarten, tot televisie, tot e-mail, tot internet en tot het wereldwijde web worden geleid. In antroposofische kringen spreekt men van de ware "Makro-kosmische incarnatie" van Ahriman. Dit systeem stond omstreeks 1998 helemaal op punt en over dit jaartal, wat gelijk staat aan drie keer 666 zeg ik straks meer.

Lucifer is de grote inspirator van de wijsheid, het bewustzijn en het intellect van de Oosterse filosofie. Hij incarneerde volgens Steiner rond 3.000 v.Chr. als Confusius (confusion). Ahriman die ergens in het derde millennium zou gaan incarneren in een gestalte van vlees en bloed, beheerst het Westers materialisme. Soms werken die twee samen, soms werken ze elkaar tegen. Lucifer is de zweverige lichtbrenger, die vrijheid brengt door de kennis tussen goed en kwaad te verschaffen. En tegelijkertijd wil hij die vrijheid ontfutselen. De mensen kregen deze vrijheid veel te vroeg, namelijk vooraleer ze helemaal in het grofstoffelijke waren ingedaald om daar een krachtige wil te ontwikkelen. Zijn ambitie is een planeet voor zichzelf, de achtste sfeer, waar hij de vrije wil van de mensen naartoe wil brengen. Hij wil de menselijke zielen wegtrekken van een aardse belichaming naar zijn eigen psychisch-spirituele licht-planeet. Dit zou het einde betekenen van de verdere evolutie van de Mens via de sferen van Jupiter, Venus en Vulcanus. Lucifer is te warm, te zweverig, te instabiel. Hij wakkert het fanatisme aan, het valse mysticisme en de warmbloedige die de aardse realiteit wil ontvluchten voor hallucinogene pleziertjes. Hij opende onze ogen en bezorgde ons de waarneming van de buitenwereld veel te vroeg. Hij verschafte de zinnelijke begeertes. Hij moedigde ons denken aan, omdat hij als achtergebleven engel geen mogelijkheden had om kennis te vergaren. Hij verleidde de mensen tot wetenschappelijk onderzoek en liftte mee op hun prematuur denken. Denken is vaak in dienst van het ego en zo besmette Lucifer het ego van de mensen met egoïsme, trots, eigenbelang, een groot gebrek aan empathie, emotionaliteit, subjectivisme, fantasie en hallucinaties. Het menselijk intellect neigt door zijn toedoen naar generaliseren, unificeren hypothetiseren en het maken van imaginaire beelden die niets met de realiteit te maken hebben.

Op zich hoeven Lucifer en Ahriman, geen slechte entiteiten te zijn. Het is maar hoe wij met hun geschenken omgaan. Lucifer schonk zelfbewustzijn en eigenliefde en Ahriman de beheersing van het fysieke rijk. Het is aan de Mens om het midden tussen die twee te houden. De weg van Christus, om zo te zeggen. We kunnen het routineuze tot vervelens toe zich herhalend pseudo-denken in eindeloos ritmische mechanische processen van Ahriman begeesteren met een Luciferisch enthousiasme. We kunnen kijken naar wat echt interessant is en leren om op een objectieve, onpersoonlijke manier feiten en processen te observeren. De Luciferische subjectiviteit en de vurige emotionaliteit die vaak het racisme en het nationalisme aanwakkeren kunnen we temperen met een koele en objectieve kijk naar de feiten. Zo zouden we ook aan introspectie kunnen doen. Het zou mooi zijn om via een afstandelijke en onpersoonlijke manier van denken onszelf te evalueren. Het zou bevrijdend kunnen werken als we bevrediging zouden kunnen vinden in een droge maar correcte beoordeling van onze angsten, verlangens en wisselende stemmingen. Het gaat hier om het ontwikkelen van een duaal bewustzijn wat de mensheid nodig zal hebben om de incarnatie van Ahriman tegemoet te treden. Want Zij zal de ambitie hebben om de onbewuste massa's te verleiden door zich voor te doen als de tweede incorporatie van de Christus, terwijl ze de mensheid meesleurt naar haar "planeet van de doden". En dat is waar Steiner en de antroposofen ons voor willen waarschuwen.

Tegenwoordig vinden we een nog groter waarschuwingspunt in het enthousiasme wat sommigen, zoals Kevin Warwick en Raymond Kurzweil, tonen voor de post-humane mens. De post-humane of trans-humane mens is een soort van cyborg, een technologisch volmaakt exemplaar met bijvoorbeeld perfecte ogen (de man van zes miljoen), immuun voor allerhande ziektes en onsterfelijk. Een propagandistisch beeld van deze hybride mens wordt ons voorgeschoteld in de film "Bicentennial Man" van Chris Columbus, gebaseerd op Isaac Asimov 's gelijknamige roman en met Robin Williams in de hoofdrol. Voor heel wat wetenschappers is de homo technologicus en de daarmee gepaard gaande verstrengeling van technologie en mensheid onvermijdelijk. Het cyborg tijdperk komt eraan. Kevin Warwick (1954) is een Brits wetenschapper en hoogleraar in de cybernetica. Hij staat bekend vanwege zijn onderzoek naar directe verbindingen tussen computersystemen en het menselijke zenuwstelsel, alsook voor zijn onderzoek betreffende robotica. Raymond Kurzweil (1948) is een toonaangevend Joods futuroloog en uitvinder. Hij is van mening dat de huidige mens vervangen zal worden door de robotmens. Hij schreef verschillende boeken over gezondheid, artificiële intelligentie, trans-humanisme en de technologische singulariteit. Singulariteit betekent dat er een geslaagde symbiose plaatsvindt tussen de computer en het menselijke zenuwstelsel, zodat mensen hun intenties kunnen binnenleiden in een computer. Kurzweil voorziet dit tegen 2045. Het gaat dus over zeer omstreden transhumanistische toekomstvisie, waar artificiële intelligentie zichzelf zal verbeteren om uiteindelijk de menselijke maatschappij over te nemen. Want de mensen zullen tegen dan met hun eigen intelligentie de technologische maatschappij niet langer begrijpen. Een mooi voorbeeld van tot wat dit kan leiden zien we in de Amerikaanse SF film "Transcendence" van 2014, met Johnny Depp en Morgan Freeman in de hoofdrollen. Kurtzweil ziet de hele evolutie vanaf de oerknal tot nu als een exponentiele groei van intelligentie, voortgezet door de kunstmatige intelligentie. Bovendien maakt hij het plan op om de materie en de energie in het universum met artificiële intelligentie te doordringen, waardoor het universum zal ontwaken, bewust zal worden en ongelofelijk intelligent zal zijn.

Kurzweil is duidelijk een door Ahriman geïnspireerde atheïstische wetenschapper en gelover in de amorele, cartesiaanse, baconiaanse en darwinistische wetenschap. Want volgens de gnosis bestaat de kosmos uit pure intelligentie, bewustzijn, wijsheid, liefde en licht. De hogere hiërarchieën worden dan ook vaak intelligenties genoemd. Kurzweil droomt ervan om het goddelijke universum door het Ahrimaanse te vervangen. God sta ons bij.

Veel van de voorspellingen op technologisch gebied van Kurzweil kwamen tot nu toe uit. Tegen 2020 voorspelt hij dat de meeste ziektes tot het verleden behoren dankzij nano-robots in je bloed die vroegtijdig de ziektes opsporen en voorkomen. Tegen die tijd rijden we dan ook in zelf-rijdende auto's. Tegen 2030 gaat de virtuele realiteit voor 100% echt voelen en tegen 2039 zou je je bewustzijn kunnen uploaden naar het internet. Tegen 2040 zal de intelligentie van computers een miljard keer slimmer zijn dan de intelligentie van alle levende wezens samen. Tegen 2045 zullen we ons brein kunnen upgraden door onze neocortex te combineren met een neocortex cloud. Kurzweil geniet in onze maatschappij een hoog aanzien. Hij kreeg tientallen prijzen en eredoctoraten. Hij werd geconsulteerd door Amerikaanse presidenten en het Pentagon. Hij won gerenomeerde prijzen als uitvinder. Hij werkt samen met Bill Gates en met Google. In de volkskrant van 2/11/16 lezen we het volgende. In Google 's afdeling voor kunstmatige intelligentie slaagden onderzoekers erin om twee AI-systemen met elkaar een geheimtaal te laten bedenken, zonder menselijke tussenkomst. Een derde AI die moest proberen de code te kraken slaagde er niet in, want de twee computers maakten de sleutel steeds ingewikkelder. De betreffende onderzoekers vertelden dat het om een speelse, verkennende benadering ging. Toch wijzen heel wat geleerden en ondernemers op de gevaren van AI, omdat het volgens hen het einde van de mensheid zou kunnen betekenen.

Misschien is het hier wel het moment om iets te zeggen over de elektronische dubbelganger, zoals die door Steiner werd beschreven in 1917. Steiner schetst hoe in iedere mens vlak voor de geboorte een Ahrimanisch wezen binnentrekt dat hem voor zijn dood weer verlaat. Want deze wezens zijn absoluut allergisch voor de dood. Het liefst zouden ze in de menselijke lichamen willen blijven tot na de dood en dat is nu precies waar men met het transhumanisme naartoe wil gaan. Zo'n Ahrimanische elementaal bezit een buitengewoon hoge maar weliswaar Mefistofelische intelligentie en een sterk ontwikkelde wil, maar geen gevoel of gemoed. Zonder dit wezen zou ons aards bestaan onmogelijk zijn. Hij vertegenwoordigt de elektromagnetische stromen in ons lichaam die de basis vormen van onze zintuiglijke waarnemingen, voorstellingen, levensfuncties en ons denken. Hij beheert dus ons autonoom zenuwstelsel. Hij veroorzaakt ook ziektes en wel degelijk die ziektes die spontaan van binnenuit optreden. Neurotische ziekten en hysterie zijn eerder van Luciferische aard. Deze Ahrimaanse elementalen putten energie uit de leylijnen van de aarde. Dit zijn elektromagnetische krachtlijnen die de aarde doortrekken en die afhankelijk zijn van de geografische omstandigheden. Steiner voorspelt dat in de loop van de 20ste eeuw de mensen erin zullen slagen om deze in het autonome zenuwstelsel actieve elektrische en magnetische krachten op machines over te dragen en hun intenties en gedachten binnen te leiden in de machinekrachten. Hij wijst er op dat de samenwerking tussen mens en machine hoe dan ook zal plaats vinden. Wat belangrijk is, is de wijze waarop dat zal gebeuren. Zal die samenwerking ten goede van de mensheid komen, of zullen mensen daardoor nog meer uitgebuit, gecontroleerd en van hun vrijheid beroofd worden?

Samenvattend zouden we kunnen zeggen dat de Luciferische geesten voornamelijk in de gewaarwordingsziel werken en deze voorziet van begeertes en wilde hartstochten. Ahrimanische geesten zijn actief in de verstandsgemoedsziel en vergiftigen deze met de illusie van het geloof in de materie, wat onder andere leidt tot een amorele materialistische wetenschap en een onderdrukkende en uitbuitende economie. Menselijke dwalingen die voortspruiten uit de verleidingen van Lucifer en Ahriman kunnen steeds worden rechtgezet dank zij het karmische principe. We mogen leren van de consequenties van onze handelingen in een volgend leven of zelfs reeds in dit leven. Christus, de zonnelogos, gaf ons pijn en lijden, ziekte en dood, opdat we ondanks de mogelijkheid van het kwaad ons toch zouden kunnen ontwikkelen om uiteindelijk de volgende sferen te bereiken en tot volle wasdom te komen. Maar nu komt het. De Asoera's, die nog niet zo heel erg lang werkzaam zijn, van de vijfde na-Atlantische cultuurperiode namelijk, zijn van een totaal andere orde. Hun kracht zal in de komende decennia en eeuwen toenemen. Ze zijn de geesten van het grootst mogelijke egoïsme. Zij nestelen zich in de bewustzijns-ziel, waar het *denkend IK* woont. Van daaruit inspireren zij mensen, individuen, die deel kunnen uitmaken van groepen of politieke systemen waar ze instemmen met of deelhebben aan het vernietigen van het *IK* via het fnuiken van de individuele vrijheid en het beroven van de gemeenschap van kunst, creativiteit en cultuur. Voorbeelden vinden we in Nazi-Duitsland, het Rusland van Stalin en Mao 's culturele revolutie. In het regime van Pol Pot stierf een vijfde van de Cambodjaanse bevolking aan dwangarbeid, ondervoeding, slechte medische zorg en executies. Kim Jong-un, de zogenaamde Briljante Kameraad en Geweldige leider van Noord Korea terroriseert met de goedkeuring van zijn achterban, zijn onderdanen op dito wijze. Hij is nu volop bezig met experimenteren met atoombommen. Jihadisten en Moslimterroristen worden eveneens door Asoerale krachten aangedreven. Hun enige doel is om die gewesten waar nog een minimum aan individuele vrijheid voorhanden is te destabiliseren, zodat in naam van de veiligheid weerom een deel van de vrijheid en de privacy moet worden opgegeven. Natuurlijk gaat het ook vaak om het duivels plezier van te moorden om te moorden. Kenmerken van Asoerale invloeden zijn ver doorgedreven gevoelens van nationalisme, rassenhaat en vijandigheid tegenover andersdenkenden, die het liefst moeten worden uitgeroeid. Asoerale mensen ontkennen alles wat met spiritualiteit te maken heeft. Hun *Ik* laat zich verenigen met de zintuiglijkheid van de aarde. Zo worden er stukken uit hun menselijke geest gesneden, die voorgoed verloren gaan. Deze mensen gaan ervan uit dat wij dieren zijn en van de dieren afstammen. Ze gedragen zich dan ook als beesten. Ze geven zich over aan decadentie, onbeheersbare lage seksuele lusten, een hartstochtelijk losbandig leven, martelen, verkrachten, moorden, drugsmisbruik, uitbuiting en pedofilie. Het fysiek of psychisch pijnigen en martelen van anderen (mensen of dieren) bevredigt hun perverse lusten. Hoge ethische ideeën van mensen en het menselijke denken is voor hen een omvorming van wat dieren ook hebben en worden gezien als hogere vormen van dierlijke driften. De Asoera's willen de mensen ontmenselijken en brengen tot een zeer primitieve dierlijke staat van zijn. Het lijkt wel of de mensen die aan de Asoera's ten prooi vallen, net diegenen zijn die losgelaten werden uit de poelen des verderfs.

In de huidige tijd leven we in de vijfde na-Atlantische cultuurperiode. Volgens Steiner begon dit tijdperk in de 15de eeuw, de tijd van de renaissance en het humanisme. Omstreeks die periode werd Amerika (her)-ontdekt. Misschien kunnen we wel spreken van het Amerikaanse of Ahrimaanse culturele tijdperk. Voor het eerst in de geschiedenis van de mensheid-ontwikkeling staat de Mens als het ware alleen voor de immens moeilijke opdracht om de kwade krachten om te buigen in dienst van de wereldontwikkeling. Wij hebben er de hand in hoe we zullen evolueren naar de zesde en de zevende cultuurperiode, de volgende na-Atlantische tijdperken en de uiteindelijke sprong naar de vijfde aarde-incarnatie of toekomstige Jupiter, want wij zijn vrij. En we zijn erg veel op onze vrijheid gesteld. Het is goed om alles wat we in onze omgeving ontmoeten af te toetsen aan die vrijheid. In elk geval de enige antidotum wat wij als mensen hebben in de strijd tegen het boze is het bewustzijn waarmee we de invloeden en verleidingen van deze wezens kunnen doorzien en ombuigen naar iets 'goeds' en moreel hoogstaands

Volgens Steiner moeten we eerst en vooral leren om met ons verstand het spirituele te bevatten. Met een door Ahriman besmette mind is dat quasi onmogelijk. Doordat de Geesten van de Duisternis in 1879 overwonnen werden en sindsdien onder de mensen toeven, kan steeds meer spirituele wijsheid uit de geestelijke werelden de chemische sfeer binnensijpelen en doordringen. Zolang deze Duistere Geesten in de geestelijke rijken verbleven, konden ze dit voorkomen. Tegenwoordig kunnen ze deze toestroom van spirituele wijsheid niet langer verhinderen. Ze kunnen in het materiële rijk enkel verwarring stichten en individuele zielen verduisteren. Als wij mensen er in slagen om volledig autonoom deze duistere krachten van het Kwaad in goede zin eigen te maken en te transformeren, dan hebben we als mensheid voor het eerst in de geschiedenis van de wereldontwikkeling iets geweldigs bereikt. Volgens Steiner is het wel zeer belangrijk om ons vrije denken te ontwikkelen en te beseffen dat we in de Christus een voorname helper hebben. Over de rol van de Christus in de antroposofie, vertel ik straks meer.

Nu wil ik het hebben over Sorat, de Antichrist, de Zonnedemon, het gehoornde Beest uit de abyss. Zijn getal is 666. Zo moeten we de jaren 666, 1332 en 1998 zien als de poorten waarlangs hij de geschiedenis binnensluipt. In 529 sloot Justinianus de Platonische academie te Athene. Geleerden weken uit naar de academie van Gondisjapur waar een wijsheid en een wetenschap werd ontwikkeld die helemaal niet was aangepast aan de mensheid van die tijd. Want die leefde nog helemaal in de gewaarwordingsziel. Een kleine elite van geleerden had de verstandsgemoedsziel ontwikkeld. Sorat probeerde via de academie om de bewustzijnsziel te wekken met een gedemoniseerde wijsheid, die de mensen als openbaring zouden aannemen. Deze aanval op de menselijke ziel gebeurde innerlijk via het wetenschappelijke werk van de academie en uiterlijk door de uitbreiding van de Islam. Dit noemen we het Arabisme, wat rond 666 tot stand kwam. Rond 1332 waren Filips de Schone en paus Clemens V de instrumenten van Sorat toen ze de Tempeliers-orde, de toenmalige bankiers, met man en macht martelden en vermoordden om zo hun geld en rijkdommen binnen te rijven. Deze Ridderorde hing een esoterisch Christendom aan en was op weg om een beschaafder manier te ontwikkelen om met geld om te gaan. Rond 1998 begon Sorat de drie genoemde antikrachten in te schakelen om zijn doel te bereiken. In elk geval stond toen internet met het wereldwijde web op punt. De Asoera-aanhangers kunnen zich vanaf nu uitleven via sites over kinderporno, snuff movies en andere laag bij de grondse praktijken. We vinden er legio sides en blogs, in roze kleurtjes en versierd met engeltjes waar de zweverige Luciferianen hun gading vinden. Leden van Skepp of andere door Ahriman aangetaste atheïsten die in naam van de wetenschap zogenaamde hoaxes, "pseudowetenschap" en spiritualiteit frontaal aanvallen, en de kop willen indrukken schrijven er hun columns.

Maar genoeg nu over duivels en demonen. Het Kwaad werd tot hier toe inderdaad langs alle hoeken en kanten belicht. En we hebben de werking van het Kwaad in de chemische sfeer, welke uitgeoefend wordt door mensen, gegrepen en bekeken. Laten we althans onderzoeken wat Steiner schrijft over het esoterisch christendom en de mysteries die daarmee gepaard gaan. Weerom wil ik hier benadrukken dat het niet om één of ander geloof hoeft te gaan, maar om een bijzondere, innerlijke beleving. Iedere spirituele mens heeft het recht om buiten de dogmatische structuren van welk geloofs-instituut dan ook, op zijn eigen, unieke manier en op zijn eigen tempo de Christus, als collectief *hoger IK*, te bestuderen, te leren kennen en te beleven.

Steiner heeft het vaak over het esoterisch Christendom en het Mysterie van Golgotha, een gebeurtenis die invloed had op de gehele kosmische orde. Toen Jezus Christus aan het kruis stierf en zijn bloed uit zijn wonden stroomde, doortrok hij de hele wereld met een verlichting, een openbaring. Hij verscheen in de Hades en doortrok er de ronddwalende schimmen met een hoopgevend licht. Want de zielen die in de geestelijke wereld rondwaarden waren eenzaam en in een duistere plaats. De menselijke *ik* was aan het verharden en het egoïsme nam zienderogen toe. Christus is op de aarde verschenen om de zielen van de mensen te redden, door ze terug te halen naar de geestelijke wereld. Zo herstelde hij de driegeleding in de mens (lichaam-ziel-geest) en de mogelijkheid om te groeien naar empathie en moraliteit. Het gebeuren op Golgotha maakt dat de mensen weer met elkaar kunnen connecteren, van ziel tot ziel en dat ze in de toekomst in staat zullen zijn om op eigen krachten een wereld te organiseren die stoelt op vrijheid, gelijkheid en broederlijkheid, het Nieuwe Jeruzalem.

In onze afdaling uit de geestelijke wereld raakten we eerst verstrikt in de hartstochten en begeerten (naar kennis & wijsheid) van Lucifer om vervolgens in de netten van Ahriman de dwaling, de illusie en de leugens die te maken hebben met de chemisch sfeer te ondergaan. Zo verloren we het inzicht en het begrip dat wij deel uitmaken van de geestelijke wereld. Het zou goed zijn om opnieuw te beseffen dat wij spirituele wezens zijn, afgedaalde goden als het ware. Toch was het voornaam dat we ons onderdompelden in dit fysieke leven om te leren denken en de kennis des onderscheids te verwerven. Wij hebben ons verwijderd van de goddelijke wereld om in onszelf helder te worden en een innerlijke kernkracht op te bouwen. Zo evolueren wij naar een zelfstandige vrijdenker en worden wij onze eigen maatstaf. Ondertussen is het volgens Steiner, aan te raden om de betekenis van de Christus volledig te doorgronden en te begrijpen. Dus in plaats van in onze luie stoel met een biertje in de hand te bedenken dat het toch wel tof was dat de Christus zich voor de mensheid geofferd heeft, dienen we de Christus te leren kennen en in onze geest aandeel te hebben in Zijn daad. Dan kunnen we uiteindelijk met hem samen werken. Hoe meer inzicht wij in de Christus verwerven, des te meer kunnen we opstijgen naar de goddelijke werelden als een wezen met een klaar, zuiver en helderziend bewustzijn. Dan hebben wij ons dof, dromend en atavistisch, helderziend bewustzijn afgelegd en zijn we uit de symbiose met de goden opgestegen tot een zelfstandige godheid die actief meewerkt aan de geschiedenis van de Wereld. Bovendien, zegt Steiner, helpen wij op die manier mee aan de verlossing van de Luciferische entiteiten. Als de mens door zelfwerkzaamheid en studie erin slaagt om zijn Luciferische schaduw te transformeren en samen met de Christus zijn individualiteit neer te zetten, dan worden de Luciferianen in het vuur van dit nieuwe Christendom gelouterd en gereinigd. Dan zal de aldus weder opgestane Lucifer als lichtdrager, de Christus dragen, want Christus is het licht. Steiner zegt verder dat Lucifer dan in een nieuwe gestalte zal verrijzen en zich als Heilige Geest met de Christus zal verenigen. En deze Heilige Geest is dan geen andere dan de weer herrezen Luciferische Geest die zich laat zien in een zuiverdere en hogere glorie. Dat is wat de mensheid die zijn vrijheid van Lucifer gekregen heeft hem in volle vrijheid dient te schenken.

Aan de andere kant, staan we er volgens Steiner toch ook weer niet helemaal alleen voor. We dienen ons bewust te zijn van de Christusimpuls. Want de Christus, die sinds het mysterie van Golgotha, aan het kruis een menselijke dood stierf en de aarde tot zijn lichaam nam, doorlicht en doorstraalt als de nieuwe aardelogos, de wereld. Dat maakt dat de wereld in de fysieke sfeer steeds meer vergeestelijkt. En daardoor worden de mensen geholpen om qua moraliteit, met betrekking tot de wil en in intellectueel opzicht te groeien. Dat wil zeggen dat de abstracte idealen zoals die van gelijkheid, broederlijkheid en vrijheid, gevat en begrepen kunnen worden. Zo kunnen ze zich in de ziel van de individuele mens ontwikkelen om uiteindelijk neergezet te kunnen worden in de fysieke wereld. De mensen zullen beter, sterker en wijzer worden en ze zullen steeds dieper naar binnen kunnen gaan, naar de bronnen van hun eigen bestaan, namelijk de geestelijke wereld. De in de materiële sfeer van de aarde verworven vruchten zullen ze meenemen naar het bovenzinnelijke en bij elke incarnatie zullen zij deze terug mee naar beneden brengen. En zo zal de geesteswetenschap meer en meer begrepen worden. Want de mens is tenslotte afgedaald opdat hij de geestelijke wereld zou kunnen zien. Want hier op de materiële aarde wordt hij het zelfbewuste wezen dat terug keert naar de geestelijke wereld. En deze goddelijke wereld staat nu in volle glorie voor zijn ziel.

Conclusie: hoe omgaan met het Kwaad

Zoals je ziet staan we tegenwoordig, als mensheid in deze vijfde na-Atlantische of Amerikaanse of Ahrimanische cultuurperiode voor immense uitdagingen. Hoe moeten we de strijd tegen het Kwaad aanbinden? Het Kwaad buiten je kan je moeilijk bestrijden want dat betekent oorlog en dat wat je bevecht word je vaak zelf. Dus Kwaad met geweld tegen gaan lost niets op. Nochtans worden de oorlogen tegen het Kwaad in epen, mythen en geschiedenisboeken vaak verheerlijkt. Het komt er eerder op aan om het Kwaad te herkennen, te erkennen, en te transformeren in je eigen binnenwereld. Daar is moed voor nodig. Mahatma Ghandi en Nelson Mandela gingen ons wat dat betreft, als lichtende voorbeelden van geweldloosheid, voor. In dit boek kreeg je de mogelijkheid om vele denkbare aangezichten van het Kwaad te leren kennen. Het feit dat je zaken met bewustzijn tegemoet treedt, herkent, onderzoekt en niet meedoet aan wat voor jou immoreel is, is al heel wat. Een prachtig voorbeeld hiervan vinden we in de film: "Hacksaw Ridge", geregisseerd door Mel Gibson en met Andrew Garfield in de hoofdrol. Het gaat om het waar gebeurd verhaal over de heldendaden van een vaderlandslievende pacifist, Desmond T. Doss, die tijdens WOII vrijwillig dienst neemt en tegelijkertijd weigert om een wapen te dragen en te doden. In 1945 belandt hij in de bloedige slag om Okinawaka. Op het Japanse eiland is hij betrokken bij de strijd om Hacksaw Ridge, een gebied bovenaan een steile klif. Daar zet hij als hospik meerdere malen zijn eigen leven op het spel om zijn zwaar gewonde medesoldaten te verzorgen, van morfine te voorzien en uit de gevarenzone te loodsen.

In dit kader wil ik je ook graag laten kennis maken met Jesaiah Ben Aharon (1955), filosoof, activist en geestelijke wetenschapper. Zijn interesses liggen voornamelijk bij de evolutie van het menselijke bewustzijn in wetenschappen, opleidingen en historische gebeurtenissen. Hij is bekend om zijn baanbrekend onderzoek naar de geestelijke evenementen van onze tijd en als originele vorser op het gebied van de antroposofie van Steiner en de fenomenologie van Husserl. In zijn boek "De spirituele gebeurtenis van de twintigste eeuw - een imaginatie – de occulte dimensie van de jaren 1933-1945" krijg je een prachtig voorbeeld van een mede door mensenzielen uitgevoerde kosmische transformatie van het Kwaad. Dit boek lezen werkt louterend en transformerend in, op je ziel. Je kan het ervaren als een soort van inwijdingsweg, die je raakt tot in de diepste roerselen van je wezen.

In de laatste week dat Steiner voordrachten hield wees hij recht-streeks op het apocalyptische karakter van de tijd vanaf 1933: "Voordat de mens de etherische Christus op de juiste manier kan herkennen, moet hij eerst de confrontatie aangaan met het beest dat in 1933 uit de diepten zal oprijzen." Steiner stierf op vieren-zestigjarige leeftijd te Dornach op 30 maart 1925. Wat bedoeld wordt met het beest weten we intussen. Steiner voorspelt de op-komst van het derde rijk en brengt deze gebeurtenissen in ver-band met de werkingen van Sorat, de antichrist. Maar Steiner had het ook over de etherische wedergeboorte van de Christus, die in 1933 zou moeten plaatsvinden. En daarover wil ik het hier hebben. Steiner leefde in de tijd waar het Kali Yuga of duistere tijdperk over ging naar het lichte tijdperk. Dat was in 1899. Twin-tig jaar eerder versloeg Michael de Ahrimaanse entiteiten en wierp ze ter aarde. Sindsdien worden hart en verstand van de mensheid belaagd door de Ahrimaanse geesten. Maar tegelijkertijd wordt de Christusimpuls alsmaar sterker. Als aardelogos doorlicht en doorstraalt Hij voortdurend de aarde en de mensen met zijn lief-devolle zonnewezen. Dat maakt dat de zielen-vermogens van de mensen veranderen en dat ze daardoor een natuurlijke aanleg voor een nieuwe wijze van helderziendheid kunnen ontwikkelen. Daarom zou het in de twintigste eeuw voor de mensen mogelijk zijn om de etherische gedaante van de Christus in de geestelijke wereld te aanschouwen. Deze gebeurtenis wordt in antroposofi-sche kringen "de wedergeboorte van de Christus" genoemd. Dat betekent dat de Christus in een bepaalde bovenzinnelijke sfeer, zijn eigen werkingssfeer, zichtbaar wordt. Steiner noemde dit be-paalde gebied in de geestelijke wereld, Shamballa. En dat is dan ook de bijzondere betekenis van de komst van het lichte tijdperk. Tijdens het Kali Joega konden enkel hoge ingewijden de weg naar dit Shamballa vinden. Tegenwoordig kan de mens door middel van gewone menselijke vermogens weer thuisraken in dit nieuwe zonnerijk van de Christus op aarde. En een van de eerste dingen die de mensen zullen aanschouwen als Shamballa weer voor ie-dereen zichtbaar wordt is de Christus in zijn etherische gedaante. Want in een materieel aardse gedaante van vlees en bloed, komt hij nooit meer terug. De aarde is nu zijn lichaam. Van zonnelogos, werd hij na zijn dood aan het kruis, aardelogos. Als voorbereiding op de vijfde sfeer wordt de aarde tot zon getransformeerd en een groep hoog ontwikkelde mensenzielen werkt hieraan mee. Het gaat om zeer ver in hun mensheidsontwikkeling, geïndividueerde en gesocialiseerde mensen, de leerlingen van Michael.

Sinds het mysterie van Golgotha heeft de zonnekracht van Christus in het hart van de mensheid en de aarde gewerkt. In de harten van de mensen die hem echt toegewijd waren, schiep hij de levende substantie die nodig was om de bouwstenen van de tempel van zijn hemelrijk op aarde te scheppen. Dat maakt dat deze mensen mee creëren aan dit zonnerijk wat Shamballa heet. Steiner zegt dat in de komende twee en een halve millennia steeds meer mensen hun thuisland zullen binnengaan. Een thuishaven glanzend en doorweven van licht, met een overvloed aan oneindige levenskracht en onze harten vervullend van wijsheid. Dus de vermogens die vroeger alleen de ingewijden bezaten, worden nu algemeen menselijke vermogens en deze toestand van de ziel, dit innerlijk beleven wordt in de taal van de occultisten, de "wederkomst van de Christus" genoemd.

Maar, Steiner waarschuwde de mensen ervoor dat deze nieuwe ontwikkelingen gepaard zouden gaan met grote verleidingen, beproevingen en crises. In 1933 kwam Hitler aan de macht. Voor twaalf jaar veroverde de antichrist de troon en de etherische wedergeboorte van de Christus ging aan de massa's voorbij. En dat is wat in de esoterie het drama van onze tijd wordt genoemd. Echter, toen Hitler en zijn aanhangers een oorlog voerden waar zeventig miljoen slachtoffers een zinloze dood stierven, speelde zich in de geestelijke wereld iets bijzonders af. De helderziende schouwde het volgende tafereel.

Aan de ene kant sticht Christus, samen met een kleine groep beproefde en toegewijde mensenzielen, zijn koninkrijk op aarde, het nieuwe Shamballa. En alhoewel deze nieuwe zon niet van deze wereld is kan ze diep wortel schieten in deze wereld. De Michaelische mensenzielen, werken actief mee aan deze grootste spirituele gebeurtenis. Want in de geschiedenis van de menselijke ontwikkeling sinds het mysterie van Golgotha vertegenwoordigen de mensen voor het eerst een scheppende factor in de kosmische en planetaire evolutie. En zo was het door de goden ook bedoeld. In Ben-Aharon 's boek lezen we hoe voor het geestesoog van de visionair zich de volgende imaginatie ontrolt. "Midden in de vertroebelde en verduisterde planeet aarde openbaart zich een universeel hartencentrum. Het stroomt over van een oneindige kiemkracht en levensactiviteit. Tegelijkertijd verbindt het zijn hartslag steeds sterker met de kosmische omgeving van de aarde. Dit alles mondt uit in de schepping van een etherisch netwerk van lichtgevende aderen en bloedvaten. Dit netwerk vertakt zich en differentieert zich als een levend organisme. Het strekt zijn levende wortels, stengels en bladeren uit en verbindt zodoende centrum en periferie van dit wereldomvattend gebeuren". Het gaat dus om een nieuwe zon die op weg is om aarde te worden.

Op hetzelfde moment dat de leerlingen van Michael meehelpen aan een verandering van de kosmisch-planetaire dimensies, waarin een nieuw embryonaal aards zonnecentrum wordt gevormd gebeurt er aan de andere kant het volgende. De etherische lichtgrond van Shamballa wordt ineens woelig en wankel. Vervolgens valt hij uiteen en verdwijnt. Dan opent er zich een bodemloze, donkere afgrond en er verschijnt een groot gedrocht wat naar de hoogte streeft en met de totale vernietiging dreigt. Dit bewerkstelligt een enorme schok in de ziel en de geest van de individualiteiten die dit ondergaan. Het gaat om de Michaelische mensen die in wezen aan de Christus gelijk zijn en die zich met het lot van de gehele mensheid hebben verbonden. Deze ver ontwikkelde liefdevolle mensen ervaren nu de diepe kosmische, aardse en menselijke gespletenheid in hun eigen *ik*. Aan de ene kant ervaren ze het oprijzen van Shamballa waaraan ze scheppend deelnemen en terzelfder tijd beleven ze de meest tragische verbijstering en hulpeloosheid van de ziel wanneer ze het beest uit de abyss zien oprijzen dat het geheel van hun arbeid naar beneden wil trekken en verzwelgen.

Nu wordt het stil. Het nieuwe land van het eeuwig ontluikend aardse zonneleven verlamt en bevriest. De levensbron droogt op. De goden staan als aan de grond genageld. En nu zijn het de mensenzielen zelf, die antwoord geven op de luid klinkende noodkreet van de mensheid in opperste agonie. Zij laten hun zielen- en levenskrachten omlaag stromen en nemen in hun harten de miljoenen omgebrachte, gemartelde en afgeslachte zielen op, die in steeds grotere getallen vanuit de enorme ellende op aarde hun weg omhoog zoeken. Deze zielen gaan in een toestand van grote innerlijke verwarring door de poort van de dood. En in deze sfeer van uiterste wanhoop, wordt uiteindelijk de beslissende vraag door de mensheid gesteld. De vraag die ze in het tijdperk van de bewustzijnsziel weigerde te stellen uit vrije wil, namelijk de kernvraag naar het wezen van de menselijke natuur.

En deze kleine groep van zeer geëvolueerde zielen wat betreft morele kracht en geestelijke rijpheid, doordringen nu hun Michaelwezen met het geëtheriseerde bloed van alle rassen en volken op de diep verwonde en bloedende aarde. In dit geëtheriseerde en universeel vermengde menselijke bloed ontsteekt nu het vuur van hun medegevoel en hun liefde voor de mensheid. Een machtige morele vlam neemt in de geestelijke wereld gestalte aan. En zo krijgt de mensheid een antwoord op zijn in wanhoop gestelde prangende vraag, de vraag naar de evolutie van de wereld en de mens. En het antwoord wat ze kregen, dit offer van alomvattende, menselijke liefde zal de mensheid begeleiden tot haar laatste gevallen schepselen verlost zijn.

De leerlingen van Michael transformeerden aldus het kwaad van de mensen in het hoogste goed en kondigden hiermee voor alle toekomstige tijden, de hogere eenheid van de mensheid aan. Zo schiepen ze het nieuwe embryonale hart, dat zich uitstrekt van het hoogste tot het laagste en zo overbrugden ze de kloof tussen de twee gescheiden delen van de mensheid en de aarde, namelijk de volop in transformatie zijnde vierde sfeer en de in de maak zijnde achtste sfeer die zich wilde afscheiden. Nu dit nieuwe verbindende hart op Michaelische wijze gevormd was, kon Christus zelf door zijn vernieuwde offer aan dit werk van de verlossing deelnemen. De Michaelische zielen die deze brug naar het Shamballa opnieuw gebouwd hadden zagen toen het volgende gebeuren.

Uit de binnenste kern van de tempel van de aardse mensenzon komt een Wezen te voorschijn die zich een weg baant over de brug van Michael van de hemel naar de hel. Zijn pad bestaat uit de etherische bloedstroom die vanuit de afgrond van het kwaad omhoog stijgt en in het nieuwe hartencentrum van de mens vergeestelijkt wordt. Hij daalt steeds dieper af totdat hij zich helemaal met het wezen van het kwaad van de mensheid in de afgrond verenigt en zijn naar beneden stromende levens-zielen- en geesteskrachten met dat wezen verbindt. Terwijl de leerlingen van Michael de geëtheriseerde smart van de volkeren van de wereld in hun opstijgend offer naar hem toedragen, zien zij hoe hij steeds dieper in het brandend kwaad van de mensheid afdaalt en er één mee wordt. In het centrum van dat kwaad sterft Hij zonder zijn leven op te geven. Zo waren diegenen die er aan gene zijde bij waren getuige van het tweede mysterie van Golgotha.

Maar deze keer waren het de mensen, de zielen die trouw bleven aan Michael, die voorop liepen. Christus volgde hen pas nadat zij zich volkomen met het gespleten karma van de aarde en de mensheid hadden verenigd. Indien de mensheid, als deel van de Michael-stroom dit offer niet gebracht had, dan zouden de mensheid en de aarde steeds meer in twee helften uiteen gevallen zijn. Deze sferen zouden zich in absoluut tegengestelde kosmische richtingen van elkaar verwijderd hebben. Dat zou een splitsing van de mensheid en de aarde voor gevolg hebben gehad, zonder enige hoop op een hereniging in de toekomst. Maar door de vrije en bewuste samenwerking van de mens met zijn *hoger ik*, de Christus, kan de aarde een zon worden. Zo werd de evolutie van de mens en de aarde naar de vijfde sfeer gevrijwaard. Het is zo dat in de strijd en de crises die in de evolutie van de aarde nog zullen volgen, de mensen een steeds grotere verantwoordelijkheid zullen krijgen. En daarmee wordt hun vrijheid alleen maar groter.

Maar, wat in de geestelijke wereld werd bereikt, moet nu in het aardse bestaan, in het sociale leven, zijn uitdrukking krijgen. Na de oorlog werden de eerste Michaelische mensen, of lichtwerkers, die aan dit bijzondere event deelnamen, geboren. Zij bewerkstelligden grote sociale, ecologische, politieke, culturele en geestelijke veranderingen. We hebben het hier over de Nieuwe Mensen, of Cultureel-creatieven, waarover ik in mijn tweede werk: "Kwantum Transactionele Analyse en de Nieuwe Tijd" uitvoerig heb geschreven. Deze mensen, die steeds in grotere getallen neerdalen naar deze ondermaanse Aarde-Zon onderscheiden zich met een hoger bewustzijn, een beter functionerend moreel kompas en de wil om van deze wereld, voor alles en voor iedereen, een betere plek te maken. Dat zij in hun opzet mogen slagen!